Le discours de La Baule, 20 juin 1990

Une nouvelle thérapie pour l'Afrique

Issoufou KONATÉ

LE DISCOURS DE LA BAULE 20 JUIN 1990

Une nouvelle thérapie pour l'Afrique

L'Harmattan

Du même auteur

Une vie étranglée, Cotonou, Editions des Diaspora, 2002 (vouvelle).

Tâté, l'enfant de Mokoyo, Cotonou, Editions des Diaspora, 2004 (autobiographie romancée).

La Gitane, Cotonou, Star Editions, 2008 (roman).

Composition et mise en pages : Joachim Adjovi

5-7, rue de l'Ecole-Polytechnique, 75005 Paris

http://www.harmattan.fr
diffusion.harmattan@wanadoo.fr
harmattan1@wanadoo.fr

ISBN : 978-2-343-01668-9
EAN : 9782343016689

Introduction

L'Ancien président français, François Mitterrand, lors de la 16e Conférence au sommet des chefs d'Etat de France et d'Afrique de La Baule, le 20 juin 1990, demande aux chefs d'Etat africains, d'instaurer la démocratie comme système de gouvernance, s'ils veulent continuer à bénéficier de l'aide de la France. C'est le début d'un grand remue-ménage dans les anciennes colonies françaises. Ainsi, avec des leviers comme la société civile et les syndicats, est née la formule des Conférences nationales souveraines concoctées comme toujours par le maître à penser de l'Afrique : la France. En bons élèves, les Africains ne se posent pas la question de savoir si la pression pour aller à la démocratie pluraliste n'est pas une thérapie de plus, comme ce fut déjà le cas des différents programmes d'ajustement structurel imposés par les institutions de Bretton Woods qui, loin de sauver l'Afrique, l'ont plongée dans une misère scandaleuse, l'empêchant toujours de penser, par elle-même et pour elle-même, les voies de son propre développement.

La démocratie pluraliste, sur un continent pluriethnique, peut-elle réussir ? L'Afrique est-elle prête, quand on sait qu'elle est le continent le plus en retard, de par tous les indicateurs socio-économiques de base ? Quelles sont les conséquences véritables pour nos populations, de cette marche à pas forcés vers la démocratie ?

Analphabètes, pauvres, mal soignées, peu éduquées, les populations africaines peuvent-elles, en quelques jours, égaler l'Occident ? Oublions-nous surtout que, plusieurs siècles, plusieurs étapes différentes, les unes après les autres, avec leurs cortèges de douleurs et de joies, toutes différentes, ont été nécessaires pour asseoir la démocratie pluraliste en Occident ?

Oublions-nous également, qu'aux frontières de la grande Europe occidentale qui promeut la démocratie, il existe encore des systèmes qu'on ne peut nullement qualifier de démocratiques et que, la même grande Europe qui pourfend les régimes africains, s'accommode de leur présence à coup de timides communiqués diplomatiques ?

Ce sont là autant de questions qu'il faut se poser, même si le système démocratique pluraliste est réputé bon pour la gouvernance.

Ce discours de la Baule apparaît comme un étalage des maux qui minent l'Afrique et que l'Occident a contribué à aggraver, au point d'instaurer un afro-pessimisme permanent.

En dépit de tout, il fallait se poser la question de savoir si ce discours, ou cette nouvelle donne économique et sociale imposée, favorisera le développement et le bon vivre des citoyens d'un continent pillé et dominé par l'Occident pendant plusieurs siècles. Si la démocratie a permis l'éveil et le renforcement des consciences, promu les droits et les libertés, elle a également fait la promotion de la médiocrité, sur un arrière-fond de politique de partage des postes entre partis politiques, instaurant une culture de contre-valeurs qui a progressivement pris le pas sur les valeurs positives des civilisations endogènes.

En Afrique subsaharienne, l'introduction de la démocratie n'a pas été une sinécure. Elle ne s'est pas faite sans grincement de dents. Il s'est agi d'une marche plutôt à pas forcés.

Et pourtant, à y regarder de près, ceux qui croient que pour l'Afrique, le besoin le plus pressant est l'instauration de la démocratie pluraliste, oublient souvent de s'intéresser et de s'interroger sur la situation de grande pauvreté qui sévit sur le continent malgré la présence de nombreuses richesses naturelles. Ils semblent aussi faire très peu attention à la nécessité de créer, en Afrique et chez les Africains, le réflexe de la bonne gouvernance, du respect du bien public, et surtout la nécessité d'une répartition équitable des bénéfices issus de l'exploitation des richesses.

C'est à partir des appels enthousiastes des uns, et des inquiétudes justifiées des autres, suscités par le continent, qu'il s'impose à tous ceux qui voudraient s'interroger sur ses difficultés ou ses espoirs, de remonter aux sources de l'histoire.

Les Africains ont, en effet, pensé rompre avec la domination coloniale, pour bâtir des Etats prospères, capables d'utiliser leurs nombreuses richesses pour faire le bonheur de leur peuple. Ils en avaient un tel espoir qu'ils n'ont pas été suffisamment attentifs à leur propre préparation, à remplir les nouvelles fonctions de dirigeants créées et léguées par les colons, ni s'assurer que les relations au monde que la colonisation a instaurées pour l'Afrique pourraient et devraient changer, pour permettre à l'Afrique de prendre réellement son destin en main.

Faute d'avoir conçu la réflexion autonome sur les perspectives à long terme de l'Afrique indépendante dans un monde de plus en plus dominé par les concepts économiques et politiques créés et entretenus par l'Occident, les Africains ont été largement amenés à poursuivre, consciemment ou inconsciemment, les mêmes rôles dans le monde pour leurs pays et leurs peuples que ceux conçus par le colonisateur. Il s'agit d'être des pourvoyeurs de matières premières dont les industries du Nord ont abondamment besoin, et continuer de consommer passivement des biens manufacturés produits par les pays occidentaux.

Or, dans le contexte de la colonisation, et pour la pérennisation de celle-ci, les métropoles occidentales ont conçu tout un système alliant un aspect économique fait de « prédation », à une organisation politique de l'éducation et de la propagande coloniale fondée sur l'assimilation (pour le domaine colonial français) ou sur le développement séparé (pour l'espace colonial britannique).

Il était donc tout indiqué que la fin de la colonisation suscitât un réel changement, tant de l'organisation économique que du système éducatif qui étaient légués aux Africains par la colonisation.

Pour n'avoir pas osé de changement en profondeur dans ces domaines fondamentaux, les pays indépendants n'ont pas échappé au maintien de certaines pratiques et attitudes qui ont arrangé l'Occident dans sa volonté de maintenir son influence stratégique sur le continent.

Le fait d'inspirer fortement les systèmes politiques des premières années d'indépendance en Afrique a conforté cette influence, avec en plus, la nécessité pour les élites intellectuelles, de recourir à l'Occident, pour confirmer leurs aptitudes et compétences : cela a fatalement contribué à formater les esprits.

On ne saurait oublier la présence plus ou moins discrète, mais fortement désastreuse, des armées et autres services spéciaux occidentaux dans les coulisses des pouvoirs politiques africains. Cette présence a permis aux grandes puissances et autres multinationales de manipuler systématiquement les forces politiques nationales en les opposant les unes aux autres au seul profit de ces multinationales et des anciennes métropoles. L'Afrique noire au Sud du Sahara a été particulièrement marquée par ces multiples interventions, plus ou moins officielles, ou carrément prises en charge par des barbouzes s'appuyant sur des opposants et autres mécontents locaux.

De telles interventions ont rendu la stabilité des Etats extrêmement précaire, mais elles ont confirmé, dans l'esprit de bien des personnes, au Sud comme au Nord, l'impératif d'une nouvelle et réelle indépendance du continent. Ce motif a souvent été malheureusement récupéré par certains Africains qui ont eux-mêmes confisqué l'appareil d'Etat à leur seul profit, au profit de leur clan, ou de leur famille. De ce fait même, ils ont apporté de l'eau au moulin des détracteurs des politiques africaines.

On ne doit, en aucune manière, récuser ce recul. Toutefois, quand à la Baule, en juin 1990, le discours de François Mitterrand a sommé les Etats d'opérer l'ouverture démocratique vers une politique multipartite pour prétendre à l'aide de la France, cet appel a fonctionné comme une nouvelle ingérence colonialiste chez certains chefs d'Etats, appréhension vite confirmée par les multiples dérapages qui vont se révéler dans les privatisations, les soutiens plus ou moins officiels dont vont bénéficier certains acteurs politiques du continent, au détriment d'autres dans le même pays.

Voilà le tableau que l'Afrique présente, pour son évolution économique et politique, et surtout en ce qui concerne ses relations avec le reste du monde. Tantôt méprisé, tantôt courtisé avec assiduité, le continent est vu différemment selon les intérêts des puissances étrangères, non pour l'intérêt de ses 800.000.000 d'habitants exposés à de réelles difficultés de survie.

Pour apporter une contribution à la réflexion stratégique nécessaire pour susciter la prise de conscience des Africains eux-mêmes, il nous semble nécessaire d'aborder les problèmes sans nous voiler la face, c'est-à-dire en mettant les Africains eux-mêmes devant leurs responsabilités d'hommes et de femmes qui veulent revendiquer respect et fierté face au reste du monde. Mais ce respect et cette fierté ne sauraient être perçus, ni suscités, si les Africains eux-mêmes, et le reste du Monde n'acceptent pas, ou ne se rappellent pas les grandes lignes des relations historiques que l'Afrique a eues avec le Nord. Il ne s'agit pas de se dédouaner, ni de porter toute la faute sur les autres. Ces rappels édifieront plus d'une personne dans les jeunes générations qui ont besoin de savoir pour agir. Ce sont là, autant de raisons qui ont justifié la rédaction et l'organisation du présent ouvrage.

Il s'est agi d'abord de relire les différents appels que l'Occident, ou du moins ces représentants (Mitterrand et Sarkozy en tête) ont cru devoir lancer à l'Afrique dont ils maîtrisaient certainement très peu les vrais problèmes. Les fluctuations politiques et économiques qui s'en sont ensuivies dans les pays depuis les années 90, y trouveraient une certaine explication. Puis, progressivement, mais de façon assez éclatée, de proposer, aux Africains d'abord, mais aussi au reste du monde, des clés d'une compréhension sommaire des problèmes de l'Afrique.

Une bonne part des réflexions qui suivent est consacrée à une analyse de la démocratie pluraliste issue des Conférences Nationales. Le but est de confronter les organisations et les perspectives de ces Conférences Nationales avec la pratique réelle de la démocratie pluraliste, dans ces pays aux réalités de la vie des peuples assez différents. Ces analyses permettent de déboucher sur une réflexion sur les regards que le monde pose sur l'Afrique aujourd'hui.

L'ouvrage consacre également bien des réflexions à la place que l'Afrique se fait dans le monde de plus en plus globalisé, et se fixe pour credo de proposer quelques pistes pour corriger toutes les injustices que vivent les Africains, du fait aussi bien du fonctionnement mondial que de la faute de leurs dirigeants eux-mêmes.

Les prétentions de cet ouvrage ne sont ni de proposer un bonheur clé en main aux Africains, ni de couper les Africains du reste du monde. Il s'agit simplement d'attirer l'attention du monde, et des Africains eux-mêmes, sur les problèmes abordés et sur leurs origines, afin de les inviter à les dépasser.

Il est urgent, pour les Africains de dépasser les clivages et autres clichés issus de la colonisation, pour construire une réflexion autonome et auto inspirée (même si elle ne doit pas occulter les apports extérieurs), pour faire le saut qualitatif qui est attendu depuis plus de cinquante ans.

Bien des analystes (politologues, économistes…) et autres personnalités libres penseurs ont déjà soulevé certaines questions qui font la trame de ce livre. D'aucuns ont été très pessimistes. D'autres ont exprimé leur volonté ou leur frustration pour dire leur enthousiasme et leur foi en une Afrique qui peut et doit se relever de ses nombreux faux pas. Je voudrais situer ma contribution à ce débat dans la droite ligne des auteurs du second groupe, en inscrivant mes réflexions à la suite de cette conclusion de Robert Dussey, à la fin de son livre au titre pourtant très critique de *L'Afrique malade de ses hommes politiques* :[1]

> « Il existe donc aujourd'hui pour nous, Africains, de très certains motifs de confiance en dépit de certaines crises qui perdurent çà et là sur le continent. Si l'histoire prouve que les civilisations qui se trouvent à un moment donné confrontées aux menaces que leur lancent les périls intérieurs et extérieurs, peuvent survivre tant qu'elles sont capables de relever ce défi, affirmons sans crainte que le sursaut de volonté salvateur n'est nullement au-dessus des forces des filles et fils de notre continent. »[2]

La foi qui anime cet universitaire togolais devrait être partagée par tous les Africains. Mais elle ne suffirait pas à déclencher l'action nécessaire et le changement que seuls les hommes politiques aux affaires devraient oser pour convaincre leurs concitoyens de croire en l'Afrique. Tel est mon objectif en écrivant cet ouvrage. Faire percevoir à tous, que les vérités sont là, et qu'elles ont la vie dure. Mais aussi inviter les hommes politiques et les citoyens à opérer le saut dans l'action salvatrice.

1 Robert Dussey, *L'Afrique malade de ses hommes politiques*, Editions Jean Picollec, 2008.
2 Robert Dussey, op. cit., p. 239.

Les Conférences nationales

Entre 1990 et 1993, pas moins de huit pays d'Afrique au Sud du Sahara ont organisé des Conférences Nationales, pour enclencher un processus de transition vers un multipartisme d'option libérale. Pour comprendre l'irruption de ce nouveau concept de « Conférence Nationale » dans le langage politique des Etats africains, il est important d'expliquer le cas du premier pays qui a utilisé cette voie pour sortir de sa crise à la fois économique et politique : la République du Bénin.

Entre 1972 et 1990, ce pays de l'Afrique de l'Ouest a été dirigé de manière monolithique par Mathieu Kérékou. Cet officier de l'armée avait, par un ultime coup d'état militaire, instauré dans le pays un système politique fondé sur l'idéologie marxiste-léniniste, avec pour organe central de toutes les institutions, le Parti de la Révolution Populaire du Bénin (PRPB). Tout marchait pour lui et son système jusqu'à la fin des années 80, en dépit de la fronde des opposants qui souvent ont été contraints à l'exil ou bien au silence des geôles et autres lieux de détention secrets. Même une agression extérieure soutenue par des puissances étrangères ne réussit pas à le renverser. Mais la crise économique des années 80 fragilisa ce pouvoir qui s'appuyait sur des organes fortement décentralisés et populaires, voire populeux.

La grogne interne des mécontents (syndicats, étudiants, fonctionnaires dont les bourses et les salaires devenaient irréguliers, du fait de la crise économique) fut vite amplifiée par les opposants. Le rejet du système s'accompagnait ainsi de la volonté de certains opposants de l'isoler au plan diplomatique. Cette situation a contraint le régime militaro-marxiste en proie aux difficultés économiques à négocier. Le régime recourut à ce forum de toutes les forces vives pour, à la fois, faire son ouverture politique, et convier les opposants et autres membres de l'intelligentsia longtemps restés en exil à apporter leur contribution à la résolution de la crise interne : du 19 au 28 février 1990, la Conférence des forces vives de la nation s'est tenue à Cotonou, capitale économique du pays. Ce fut un succès. La paix revint dans le pays. Et les bailleurs de fonds retournèrent au chevet du pays dirigé par un gouvernement de transition (prescrit par la Conférence), à la tête duquel fut choisi un premier ministre pour « seconder » le président Kérékou dont les pouvoirs furent réduits. Cependant, le général fut maintenu dans bien de ses prérogatives, le temps de la transition vers des élections législatives, puis présidentielles.

La souveraineté de la Conférence (réclamée par la grande majorité des participants) et obtenue, lui a conféré le pouvoir d'exiger de nouveaux textes, notamment une Constitution qui fut rédigée par une commission ad' hoc, et adoptée par référendum le 11 décembre 1990. A la fin de la transition, le pays a renoué avec la démocratie pluraliste et l'organisation régulière d'élections depuis lors.

Reprise au Gabon, au Congo, au Niger, au Mali, au Togo, au Zaïre (actuel Congo Démocratique), puis au Tchad, l'expérience a produit des résultats plus ou moins différents[3].

Signalons, que l'organisation de la Conférence Nationale est devenue une voie spécifiquement africaine, pour passer d'un pouvoir monolithique à la démocratie pluraliste. Les peuples se sont mis à y croire. Les hommes politiques, quant à eux, y ont mis une confiance plus ou moins sincère ; mais un opportunisme certain poussait les pouvoirs en place et leurs opposants à y recourir pour, soit canaliser les mécontentements réels vers les récupérations politiques, soit pour gagner du temps et planifier une reprise en main des rênes d'un pouvoir devenu chancelant.

Une chose apparaît toutefois constante dans les Conférences nationales, c'est qu'elles ont permis à des opposants méprisés et aigris depuis longtemps d'affronter les hommes du pouvoir dans des joutes oratoires originales et sans retenue parfois. Ces conférences nationales devenaient une alternative heureuse à toute autre

3 A titre indicatif, voici une liste de pays ayant organisé une Conférence nationale dans ladite période. Congo : 25 février au 10 juin 1991. Gabon : 27 mars au 19 avril 1990. Niger : 29 juillet au 3 novembre 1991. Mali : 29 juillet au 12 aout 1991. Togo : 10 juillet au 28 août 1991, Congo Démocratique : 7 août 1991 au 6 décembre 1992. Tchad : 15 janvier au 7 avril 1993.

forme de confrontation ou de quête de déstabilisation plus ou moins rêvée par des oppositions privées de paroles et de subsides. La plus grande réussite des conférences nationales est qu'elles auront bouleversé le paysage institutionnel des pays par le choix qu'elles ont opéré de rejeter les anciennes structures monolithiques des pays.

Le changement radical et immédiat qu'elles introduisent toutes dans la vie des Etats n'a certainement pas permis de peser les alternatives ou de concevoir toutes les perspectives qui auraient été plus bénéfiques pour tous les pays et tous les peuples. Cela a été à l'origine de confrontations ou de convulsions que certains acteurs n'ont pu suffisamment anticipées. On doit à Magalie Besse de la Faculté de droit de Clermont Ferrand (France) une étude approfondie des conférences nationales de l'Afrique francophone au Sud du Sahara[4].

Mais cette étude ne manque pas de relativiser certains succès des conférences nationales : « Le droit constitutionnel employé dans les pays ayant organisé une Conférence nationale est généralement très classique (Sic). Il n'est donc adapté ni aux problèmes spécifiques posés par la transition ni au contexte dans lequel il doit s'appliquer. Cela nuit tant à la réussite de la démocratisation qu'à son effectivité »[5].

4 Magalie Besse, « La conférence Nationale souveraine, un pouvoir constituant original », article en ligne, disponible sur http://www.droitconstitutionnel.org/congresParis/comC3/BesseTXT.pdf.

5 Magalie Besse, op. cit, p. 10.

En réalité, Magalie Besse établit les ressemblances des constitutions issues des conférences nationales avec le « Droit constitutionnel classique » emprunté à l'Occident, notamment à la France (Constitution de 1958), donc conforme au contexte français de l'époque, auquel on ne peut superposer systématiquement la situation des pays africains entre 1990 et 1993. Pour M. Besse, « Ce manque d'adaptation au contexte est un handicap majeur pour la démocratisation »[6].

Le résultat de cette inadaptation sera d'autant plus réel que, bien qu'ayant doté les pays d'une nouvelle constitution, et d'un nouveau système de gouvernement, après des transitions plus ou moins réussies, les conférences nationales n'ont pas forcément réussi à soustraire les peuples à la volonté de l'élite de se maintenir au pouvoir, ou de le conquérir sans un engagement réel et éthique de faire le bonheur des peuples ou de faire réellement reculer leur misère.

La conséquence, selon Magalie Besse, est que cette situation « nuit considérablement à la restauration du droit ». Car, pour l'universitaire française, ce dernier [le droit] va redevenir un outil aux mains des gouvernements et la démocratisation qu'il aurait néanmoins pu engendrer va se voir anéantir par leurs pratiques »[7].

Dans le cas de bien des pays, la pauvreté et la misère des populations ont plutôt été exploitées pour asseoir de nouveaux pouvoirs, grâce à des élections plus ou moins

6 Ibidem.
7 Op. cit., p. 11.

réussies. Pour certains peuples, la tenue régulière d'élections ne change pas grand-chose aux difficultés quotidiennes. Une élite politique (parfois la même qu'avant la Conférence nationale), s'appuyant sur les nouvelles constitutions et de nouvelles institutions, a continué de profiter des délices du pouvoir, légitimée qu'elle est devenue par des élections plus ou moins transparentes. C'est cela qu'il faut essayer d'éclairer. L'organisation régulière d'élections seule suffit-elle à faire la démocratie et le bonheur des peuples ?

L'absence du pluralisme politique durant une bonne partie de la période postcoloniale dans nos Etats était donc un fait. Mais aux lendemains immédiats des indépendances, la multitude des partis politiques était symptomatique des conflits internes de toutes sortes. Des rancœurs et des haines naissaient entre les hommes et les femmes d'appartenance politique différente. Au Niger, mon pays, des frères d'une même famille en sont venus à ne plus s'adresser la parole, parce que l'un est du Rassemblement démocratique africain (R.D.A) de l'ancien Président Diori Hamani, et l'autre Sawabiste, partisan de l'opposant historique Djibo Bakary. Ces genres de conflits se multipliaient tout le long des élections, et se prolongeaient même après les joutes électorales. Des opposants sont devenus des ennemis jurés, mettant femmes et enfants dans la danse conflictuelle. Les conflits politiques ont duré des générations, et ont contraint certains à l'exil, en abandonnant ainsi les terres ancestrales qu'ils ne retrouveront jamais.

Les Conférences nationales souveraines ont consacré le retour à la démocratie pluraliste dans plusieurs pays d'Afrique francophone. Elles ont eu pour levier la société civile, les syndicats des travailleurs et des étudiants, ainsi que ceux qui, tapis dans l'ombre, ont attendu l'ultime occasion de changement de régime, pour s'affirmer et se faire hisser aux premières loges tant convoitées du pouvoir politique.

La Conférence nationale a été également l'occasion de grands déballages dans bien des pays, comme au Niger, où elle a duré plus de quatre-vingt-dix jours, alors qu'au Bénin, pays voisin elle a duré à peine deux semaines. Il en est sorti une période de transition, puis la formation ou la résurrection de plusieurs partis politiques qui aspirent à la conquête du pouvoir par les urnes à la fin de la période transitoire. Le pluralisme politique intégral est donc restauré dans nos pays depuis les années 1990. Les perspectives de cette recomposition du paysage politique attendent toutefois encore d'être concrètement évaluées puis confirmées comme de réels succès. Les Africains ont donc l'impératif devoir de continuer la réflexion stratégique sur la démocratie pluraliste, afin de saisir les opportunités de développement qu'ils pourraient en tirer, mais aussi et surtout de penser les aménagements et adaptations nécessaires à son application efficiente au contexte africain.

Les partis politiques en Afrique

Les partis politiques sont des regroupements de personnes qui veulent faire entendre leur opinion politique et, le cas échéant, montrer que leur vision peut servir à gouverner la cité. Cette conception est celle qui a vu naître les partis dans les vieilles démocraties : les partis sont donc nés pour aller à la conquête du pouvoir par le suffrage universel. Mais en Afrique, des partis de toutes obédiences sont susceptibles d'être créés, car des acteurs et leurs contradicteurs existent partout, ce qui, d'une part démontre la fragile unité entre les peuples, mais également, d'autre part, instaure une « ethnisation » des partis politiques.

A-t-on besoin de 100 ou 200 partis politiques pour des pays dont la population n'excède guère 15.000.000 d'habitants ? La pléthore de partis politiques en Afrique est la preuve évidente d'une mésentente entre les dirigeants, d'une mauvaise préparation des acteurs à l'idéal démocratique, et d'une fragilité de l'unité nationale.

Certes, on a besoin de plusieurs idées pour les confronter, et pour penser le développement, mais lorsque ces idées ne sont assorties d'aucune stratégie constructive, elles finissent par créer le désordre et l'immobilisme, c'est l'effet boomerang du pluralisme politique que vit l'Afrique depuis les indépendances. Car, au lieu d'être des cercles de débats fructueux sur les problèmes des pays, les partis politiques deviennent des structures qui font écho aux clivages ethniques qui minent les pays.

Le fonctionnement démocratique lui-même est souvent absent des partis politiques qui sont, pour la plupart en Afrique, la propriété des leaders qui ont pris l'initiative de leur création.

Des pays plus peuplés, plus riches que les Etats africains, ne disposent que de deux ou quatre partis politiques. On est donc surpris que les Maîtres qui dispensent des leçons de démocratie ne le rappellent pas aux Africains, pour préserver l'entente et l'unité nationale fragiles dans nos pays. On pourrait penser que la situation de pléthore de partis arrange certains réseaux nostalgiques de la colonisation, qui veulent voir se fragiliser encore le continent africain, surtout que la contrainte de retour au multipartisme n'a laissé aucun temps de préparation aux Etats africains.

En effet, après l'expérience des partis uniques qui ont succédé au multipartisme des lendemains immédiats des indépendances, force est de constater que les Conférences nationales ont proclamé le retour au multipartisme intégral, sans se tourner un peu vers le passé pour se rappeler les désastres « ethnicistes » auxquels il avait déjà conduit.

L'option d'adopter le multipartisme intégral a été prise sans une mûre réflexion. On peut penser, aujourd'hui, qu'elle a été plus imposée par des réseaux qu'objectivement proposée avec des alter natives. Elle est tombée comme un couperet sur nos têtes. Et d'aucuns se contentent de dire que l'appétit vient en mangeant, gageons de nous en servir pour développer nos Etats et non nous développer personnellement.

Dans une telle précipitation, les partis politiques ne remplissent pas leur devoir de formation et d'information de leurs militants ; ce qui a pour conséquence de transformer la création d'un parti politique en moyen ultra rapide d'ascension sociale, sans mérite particulier, mais aussi en couverture contre toutes les illégalités.

En effet, il suffit d'être membre du parti au pouvoir, ou proche parent d'un dirigeant politique, pour fouler aux pieds toutes les lois de la République, en toute impunité.

L'élu politique aujourd'hui est celui qui a les poches pleines, peu importe son niveau intellectuel, sa formation professionnelle et sa capacité à servir son peuple. Il lui suffit d'acheter des voix pour obtenir son siège. Les électeurs, pauvres et analphabètes, monnaient leur voix contre de l'argent. Ils donnent la voix fatale pour être asservis, car après leur vote, ils ne peuvent plus voir leur élu, à plus forte raison lui demander des comptes.

Les électeurs favorisent sans le savoir le blanchiment politique, car l'élu escroc, promoteur de l'incivisme fiscal, vendeur des produits prohibés, trouve les moyens de blanchir son argent et d'échapper à la justice de son pays. Cette espèce d'élu ne peut être condamnée sans que soit levée son immunité parlementaire, exercice difficile, face à la solidarité de corps qui existe entre les élus. Et tant qu'il y aura des élections et l'argent-roi, le politicien mafieux se fera élire et échappera à jamais à la justice. Le débat devrait être instauré au sein de tous les partis politiques qui se veulent réellement démocratiques. Les rédacteurs de nos constitutions n'ont pas prévu de tels dérapages, qui portent préjudice à notre jeune démocratie faite pour une participation massive des sans voix, les plus pauvres et les plus démunis. Cette démocratie devient du coup la démocratie des riches analphabètes dont la boussole n'est autre que le reflet de leurs intérêts personnels, avant toute autre considération.

Les opposants assoiffés de justice prendront patience durant des années, car tant que l'argent-roi et la protection politique existeront, les élus mafieux échapperont à la justice, jusqu'à la prescription trentenaire.

Il est donc du devoir des intellectuels et des dirigeants africains de penser à la rédaction et à l'adoption de constitutions adaptées à nos pays, et non à des lois fondamentales importées de puissances étrangères. Il s'agit, par exemple, de penser à des élections législatives qui doivent être faites au scrutin uninominal, et non au scrutin de liste. De même, on devrait déjà adopter des lois qui vont instituer la souveraineté monétaire de nos Etats.

En effet, il n'existera pas du tout de souveraineté tant que notre monnaie sera arrimée à une autre monnaie ou garantie par un trésor étranger. Tous les pays du monde ont frappé leur propre monnaie de référence pendant plusieurs décennies, avant de la fondre dans une monnaie d'intégration. Les états américains sont passés par là avant la création des Etats-Unis. Mieux, si chacun des Etats ayant le franc CFA en partage avait sa propre monnaie garantie par nos banques centrales et convertible, nos valeurs en devises placées dans le trésor français en garantie de notre monnaie commune (le CFA) pourraient nous être remboursées, intérêts compris. Ce sera le début du décollage économique du continent, car ces garanties fructifiées depuis 50 ans représentent, à coup sûr, plusieurs milliards d'Euros.

Si de nouvelles constitutions proposent, par exemple, un mandat présidentiel unique de 10 ans, non renouvelable, les pays seront en mesure d'assurer une alternance rapide et crédible. Une telle nouveauté permettra aux élus de servir l'Etat et de respecter le programme de gouvernement du parti élu, plutôt que de servir et d'obéir aux militants. En effet, on n'aurait plus besoin de faire de largesses aux militants, ou de payer des passe-droits, dans les perspectives d'un deuxième mandat.

Les nouvelles rédactions constitutionnelles devraient prévoir un mécanisme novateur de sanctions d'un chef de l'Etat en cas de dérive. C'est, par exemple, le vote d'une motion de censure, par les députés et les sénateurs, contre le chef de l'Etat défaillant, ou alors le peuple, à raison de 10.000 voix par circonscription votant pour renverser un régime.

Dans la course au pouvoir politique, les politiciens africains oublient généralement l'essentiel sans lequel on sera toujours face à des élections bâclées : le fichier électoral. La démocratie c'est la règle d'un homme une voix ; or sans avoir établi un fichier électoral fiable, comment peut-on faire des élections justes et transparentes ? Ce n'est pas un secret, l'état civil en Afrique est un des plus mauvais et des plus incomplets au monde.

Dès lors comment sait-on que tel ou tel citoyen a, ou n'a pas le droit de voter ? Le rôle des partis politiques devrait être d'abord de s'attarder sur des questions qui paraissent anodines au départ, mais essentielles dans un Etat de droit démocratique : le droit de vote à partir d'un fichier électoral irréprochable qui a l'adhésion de toutes les parties prenantes. Sans ce préalable, toutes les contestations sont possibles, déjà que le citoyen africain perdant un scrutin se sent toujours humilié, au point de préférer pour son pays la guerre à la paix. Le fair-play disparaît, et le perdant est prêt à mettre son pays à feu et à sang. Est-ce là, la compréhension de la démocratie ? Assurément non. C'est pour cette raison que la formation politique est nécessaire dans un Etat de droit démocratique.

Organiser des élections libres et dites transparentes est, aujourd'hui, le baromètre qui engage les bailleurs de fonds et autres institutions aux côtés de nos pays, non pas vraiment pour les aider, mais pour que l'Afrique, avec ses maigres ressources, vienne au secours de cet Occident toujours glouton, par le transfert de capitaux et des matières premières qu'il achète à vil prix pour faire fonctionner ses usines. Cet Occident à double visage, tantôt firmes multinationales, tantôt institutions internationales, s'impose à nous comme des abeilles dans une ruche, pour tout décider à notre place. Certains intellectuels acceptent et appellent cela la néo-colonisation, comme si la colonisation n'a pas suffi et n'a eu aucune incidence morale sur eux. De toute façon, et tant que l'ordre mondial des choses ne sera pas changé, et quel que soit le modèle choisi pour arriver au pouvoir, la réalité du pouvoir sera toujours détenue par ceux-là qui nous ont colonisés, qui nous « néo-colonisent » et qui font de notre continent leur chasse gardée. On ne sait pas si un jour le maître finira sa leçon, pour nous permettre d'apprendre par notre inspiration personnelle. Oui, nous permettre de comprendre que nous avons été trop longtemps trompés, et qu'il est temps de nous réveiller pour décider de notre sort.

On remarque toujours dans nos pays, l'absence d'intellectuels préparés et rompus à diriger des partis politiques, tout simplement parce qu'ils ne disposent pas d'assez d'argent pour entretenir des militants qui pensent, à raison, que la politique est la caverne d'Ali Baba. C'est du reste ce que font croire les leaders politiques aux militants. Lorsque l'argent rentre en politique, c'est le règne de la mafia, sans droit ni devoir. On remarque dès lors une dénaturation du sens de la démocratie.

Les partis politiques n'ont pas tôt fait d'apprendre aux militants que la démocratie, c'est l'expansion par le travail. C'est la remise au travail productif et libérateur. C'est le règne des droits et des devoirs de tout citoyen, sans distinction de race, ni de couleur, ni de religion.

Malheureusement, on remarque très souvent que la démocratie est source d'abus de toutes sortes : détournements de deniers publics, impunité chronique, impuissance de la justice, ou une justice à la solde du prince foulant ainsi aux pieds le système de séparation des pouvoirs, et créant la corruption, la pauvreté et le sous-développement.

Cependant, si tous les militants qui se mobilisent autour des campagnes électorales, ou vivent accrochés au bureau politique de plusieurs partis pour mendier, allaient aux champs pour faire une heure de travail productif par jour, il est certain qu'on serait à l'abri de la famine, particulièrement dans un pays comme le Niger.

Il est nécessaire de comprendre que les campagnes électorales durent le temps des élections, après quoi, chacun devrait retourner à son travail et servir son pays ; c'est la seule façon d'apporter une contribution positive à un parti au pouvoir, et non l'oisiveté et la mendicité.

Aujourd'hui en Afrique, les maux liés au retour à la démocratie pluraliste qui sévissent sont si nombreux et si infamants que la démocratie elle-même apparaît comme une solution factice.

La démocratie pluraliste : une solution factice ?

Le passage des systèmes de parti unique au multipartisme, au cours des années 90 dans beaucoup de pays africains est un fait. Les Conférences nationales qui ont accouché de ce nouveau schéma politique ont aussi conduit à de nouvelles constitutions, toutes de type libéral, et consacré le pluralisme politique. Depuis, des élections ont été régulièrement organisées dans ces pays. Mais l'on est en droit de se demander si ces élections seules garantissent une réelle démocratie de développement et d'émancipation dans le contexte africain déterminé par une grande pauvreté.

Pour échapper à une simplification extrême des faits, il importe de faire remarquer que le retour à la démocratie pluraliste, a réintroduit la concurrence politique officielle dans les mœurs des citoyens des milieux urbains et des élites scolarisées notamment. De forts élans de corruption accompagnent malheureusement cette concurrence. Même les milieux ruraux considérés comme incorruptibles sont atteints par les nombreux maux nés de l'introduction de la démocratie pluraliste. Forts de leurs envies de briguer des positionnements politiques, les leaders sollicitent les populations à la base avec forts cadeaux et billets de banque.

Les périodes électorales, deviennent les seuls moments où les leaders croient nécessaire de se tenir aux côtés des citoyens pour les mobiliser en leurs faveurs personnelles. Comme cette concurrence est aussi désormais « libéralisée », tous les moyens deviennent bons pour engranger le plus de voix possible. La corruption des citoyens, des sages et autres instances est devenue monnaie courante.

Si la démocratie pluraliste est la solution idoine aux difficultés du continent africain, il faut que les peuples retrouvent également une certaine facilité à faire porter leurs souhaits d'échapper à toutes les formes de misère aux oreilles des plus grands, des hommes politiques qui sollicitent leurs suffrages. Cela n'est pas encore le cas dans nos pays.

La démocratie pluraliste a certainement introduit la liberté d'expression dans bien de nos pays africains depuis les années 90. Les citoyens ont également un large choix des organes d'informations, de chaînes de radio et de télévision pour accéder à une information riche et variée, même si la prise en charge de l'information sur l'Afrique souffre encore dans beaucoup de ces médias. Mais, les élus et autres leaders politiques écoutent-ils réellement les soupirs de ce peuple ?

La communication va, apparemment, dans un seul sens.

Il y a bien des élus qui ne rencontrent jamais leur base que lors des campagnes électorales. Ceux qui tentent de le faire entre les échéances électorales le font souvent avec des cercles réduits de courtisans ou de parents à qui ils viennent distribuer quelques billets de banque ou autres vivres nécessaires à leur survie.

Alors que l'on doit à l'Afrique traditionnelle les palabres et autres rencontres de conciliation que les Occidentaux envient aux cultures du Continent, rares sont les élus qui utilisent ce genre de mobilisation pour se confronter à l'opinion de leurs électeurs. Tout emportés qu'ils sont dans leur démagogie et dans leur envie de gloire, ils négligent les petites gens qui souffrent dans les milieux périurbains et les campagnes. A voir le sort que vivent les plus démunis, une seule question vient à l'esprit : la démocratie retrouvée dans les années 90 a-t-elle réellement redonné le pouvoir au peuple ?

Les partis politiques qui devraient être les espaces d'une expérimentation primaire de cette liberté de parole, d'expression et de réflexion ne sont-ils pas les otages des oligarques qui y règnent à vie ? Les observateurs des nouvelles démocraties et autres chercheurs ont fait le constat qu'en Afrique, les partis politiques sont les « propriétés » de leurs leaders et que, de ce fait même, la grande masse des militants ne sert que de faire-valoir.

En réalité, ce que le politologue français Jean-Marie Domenach, a appelé la « crise de la représentation » s'est très vite installé en Afrique, avec le retour à la démocratie pluraliste qui n'a pu s'accompagner de l'indispensable justice sociale. La pauvreté et les difficultés quotidiennes qui étouffent le plus grand nombre n'ébranlent pas réellement les hommes politiques. L'opinion que le petit peuple se fait de la démocratie parfois, est qu'elle se transforme en une occasion d'augmentation exponentielle des privilèges des plus riches, de l'élite politique notamment. Jean-Marie Domenach appelle cette crise-là celle de la « représentation des intérêts », dans laquelle, « les représentants du peuple sont devenus les cabotins du peuple, bouffonnant devant l'œil des caméras »[8], plutôt que de se pencher sur les problèmes réels du peuple accablé.

La réaction que le peuple adopte face à ce genre de mépris est le refus d'aller voter. En effet, dans bien des pays du continent, après les mobilisations enthousiastes pour les premières élections aux lendemains des Conférences nationales, où des taux de participation dépassaient largement les 60%, on a enregistré des taux lamentablement faibles à des élections présidentielles et législatives notamment. Les taux les plus remarquables, en termes de désaffection se sont situés souvent bien en dessous des 40%.

Les promesses électorales non tenues ont illustré la démagogie des nouveaux politiciens. La persistance des problèmes de santé, d'eau et d'assainissement, d'éducation ou simplement de survie réelle ont eu raison de la

8 Jean-Marie Domenach, *Des idées pour la politique*, Editions du Seuil, 1990, p. 122.

confiance qui devrait s'établir entre les hommes politiques et leurs électeurs potentiels.

Pour contourner cette désaffection ou ce manque de confiance, les hommes politiques recourent à l'usage abondant de l'argent pour « acheter » les voix des citoyens, transposant ainsi la corruption jusque dans les consciences des petites gens, et des plus humbles citoyens.

De ce fait, il devient légitime de se poser des questions sur les fondements mêmes et l'utilité de la démocratie pluraliste en Afrique. Elle semble, pour l'heure, une solution factice. Car, si elle a suscité beaucoup d'espoir chez les peuples, son application quotidienne ne semble pas encore soustraire les plus pauvres à leur destin tragique. Ni les politiciens africains, ni les instances internationales ne se mobilisent réellement pour transformer l'avènement de la démocratie pluraliste en véritable opportunité de développement.

La nécessité d'ouvrir le débat sur la perception et l'efficacité réelle de la démocratie pluraliste en Afrique est pourtant impérative, comme l'a déjà insinué en 1991 V. J. Van Hoek, Directeur Général du Centre Européen de la Politique de Développement (Maastricht, Pays-Bas) : « Tout système destiné à stimuler et concrétiser la participation populaire au processus de gouvernement devra tenir compte des spécificités de l'environnement socioculturel local. De nombreux pays en voie de développement doivent être capables de concilier sur leur territoire des groupes ethniques, religieux et autres qui diffèrent profondément. Aujourd'hui pourtant, la plupart des pays en développement ont des modèles de gouvernement qui trouvent leur origine dans le monde industrialisé. Le contexte y est à ce point différent – puisque les populations sont généralement plus éduquées et que les systèmes de contrôle y sont largement plus répandus – qu'il convient peut-être de se demander si l'application de ces modèles se justifie. Il faut ajouter que certains pays industrialisés mettent eux-mêmes le maintien de ces modèles en question. Il serait moins délicat d'examiner la question de la démocratisation dans la perspective du droit et du pouvoir des gouvernés de participer et d'influencer la formulation des politiques. Un accent sur la dimension institutionnelle plutôt que sur la dimension politique de la démocratisation permettrait de générer des mécanismes plus efficaces de consultation et de communication entre le gouvernement central et les différents centres d'intérêt au sein de la population »[9].

Le genre de réflexion énoncée ci-dessus n'a pas effleuré l'esprit des thuriféraires des nouvelles démocraties africaines. Du coup, si les institutions qui sont issues de la nouvelle démocratisation du continent ont réglé les problèmes politiques, elles n'ont pas su réellement poser les bases d'une participation effective des populations à l'élaboration des politiques qui doivent les sortir des difficultés réelles, qu'elles seules vivent. La réflexion de Hoek est d'autant plus pertinente qu'elle se conclut ainsi :

9 J. F. Van Hoek, « Réflexion sur l'action des pouvoirs publics et la démocratisation », in *Le Courrier ACP-UE*, N°128, Juillet – Août 1991, p. 83.

« La compréhension de ce que sont, dans le contexte [des pays, NDA], les éléments d'un système visant à la participation populaire ferait progresser la mise en place d'une structure de gouvernement véritablement indigène (sic) et d'une action des pouvoirs publics destinée à la compléter. »[10]

Jusqu'à nos jours, une telle compréhension des contextes se fait attendre pour que les peuples africains puissent se sentir entièrement acteurs de leur destin, en accord avec la démocratie pluraliste. Le risque est grand que cette absence d'intégration des pratiques endogènes au fonctionnement de la démocratie pluraliste fasse le lit du rejet de ces démocraties dans bien des pays.

En effet, en Afrique, un vieillard de soixante-dix ans ne comprendrait pas pourquoi, dans les urnes, sa voix resterait égale à celle d'un adolescent de dix-huit ans.

Il s'agit donc de différences d'approches culturelles que les Africains devaient assumer. Mais dans l'incapacité de financer eux-mêmes les élections, les pays africains font toujours appel aux institutions internationales, non seulement pour les aider en les endettant pour financer les élections, mais aussi en leur imposant le choix des dirigeants, peu importe leur popularité, pourvu qu'ils soient capables de protéger des intérêts inavoués.

10 J. F. Van Hoek, op.cit.

Les institutions internationales face à l'Afrique

Alors que les citoyens africains se disent encore plus indépendants en optant pour la démocratie intégrale et libérale dans nos pays, le mercantilisme du capitalisme inaugure une autre domination. Le capitalisme et sa loi du marché talonnent les pays et leur imposent des approches économiques qui ruinent les espoirs de millions de jeunes Africains.

Sinon comment comprendre, pour un pays à 80% analphabètes, qu'on lui impose un système de double vacation à l'école primaire et que le contrôle des connaissances soit supprimé afin d'obtenir un taux de scolarisation élevé ; puis s'étonner du bas niveau de nos enfants ? Parce qu'on doit de l'argent « aux pompiers pyromanes du FMI », comme aime les appeler Jean Ziegler, on doit se soumettre à leurs désidératas.

Le premier Ministre du Niger à l'époque (2001), son excellence Hama Amadou disait dans un entretien avec Jean Ziegler : « Echapper au FMI ? C'est impossible ! Il régente tout chez nous. C'est le nouveau colon ». Voici en substance ses propos :

« Le programme gouvernemental publié en janvier 2001 par Hama Amadou prévoit la construction d'un minimum de 1000 écoles par an. Or, au printemps 2001, le Niger a vendu à des opérateurs privés la licence de téléphonie mobile. Tout naturellement, le premier ministre avait prévu d'affecter la somme ainsi encaissée à la construction d'écoles. Mais, le chef local des mercenaires résidant à Niamey l'en a empêché : priorité au paiement des intérêts de la dette ! Entre l'alphabétisation des enfants du Niger et les intérêts des prédateurs, le satrape n'a pas hésité une seconde.

Des enfants, il y'en aura toujours affamés, miséreux, impuissants. Leur analphabétisme ne menace pas la carrière du satrape. Les prédateurs, en revanche, par simple coup de téléphone au Directeur Général du FMI, peuvent le faire révoquer à n'importe quel moment ».[11]

Les décisions de développement de ces institutions dans nos pays ne prennent pas en compte nos réalités environnementales. La privatisation systématique de nos appareils productifs et stratégiques, exigée par ces institutions, est la preuve de la méconnaissance de notre environnement et de leurs ambitions permanentes de domination.

Un pays comme le Niger, dont l'économie repose en partie sur l'élevage, peut-il se priver de son institution d'approvisionnement en produits vétérinaires ? Assurément non. Et conseiller une telle mesure est un crime.

11 Jean Ziegler, *Les nouveaux maîtres du monde*, Op. Cit. p. 250.

La privatisation de l'Office national vétérinaire du Niger (ONVN) et des pharmacies vétérinaires publiques, imposée par le FMI est une véritable catastrophe. Résultats ? Les vaccins, les médicaments, les vitamines, et tous les produits pharmaceutiques vétérinaires, sont maintenant vendus par des représentants locaux de sociétés transnationales ou par des commerçants privés – nigérians, libanais la plupart – qui s'approvisionnent sur la côte Atlantique et revendent leurs produits sur le marché, en l'absence de tout contrôle technique public.

Les conséquences économiques et sociales de la privatisation de l'ONVN sont désastreuses : des troupeaux entiers disparaissent, victimes d'épidémies, de parasites, voire de médicaments avariés. Incapables de payer les prix du marché libre, des centaines de milliers de familles d'éleveurs perdent leur gagne-pain et viennent grossir les masses miséreuses des villes.[12]

L'Occident crée la pauvreté chez nous, dans nos populations, chez nos braves paysans, et nous propose intelligemment une stratégie de lutte contre la pauvreté. Quel paradoxe !

Les élections coûtent trop cher, et les Etats africains contraints, pour obtenir l'aide internationale ou les capitaux nécessaires à leurs investissements, se doivent de tendre à nouveau la main pour emprunter auprès des pays riches dont les institutions internationales constituent les façades. Ainsi, aux dettes d'équipement, aux

12 Jean Ziegler, *Les nouveaux maîtres du monde*, Op. Cit. p. 250.

dettes budgétaires viennent s'ajouter les dettes contractées pour organiser les élections. Toutes ces dettes sont accompagnées de conditionnalités les unes plus draconiennes que les autres.

On impose aux Etats africains indépendants des observateurs internationaux des élections (pour la plupart des chômeurs et des retraités dans leurs pays), qui viennent partager avec les laborieuses populations les prêts qui sont accordés à leurs pays. Beaucoup de ces certificateurs des élections africaines reçoivent, comme mission secrète, de soutenir le candidat qui va protéger les intérêts de l'Occident, au détriment de ceux qui ont la sympathie réelle et spontanée de nos peuples.

D'ailleurs, cela se remarque souvent par la personnalité du candidat promu par ces soutiens occultes. Formé et formaté en Occident, il n'obéit pas à son peuple, mais à l'Occident. Une désobéissance face à l'Occident est considérée comme un nationalisme débordant, vite réprimé par des coups d'Etat ou autres rebellions suscités par les métropoles, et les jours au pouvoir de ces dirigeants nationalistes sont comptés, châtiés qu'ils sont souvent pour leur témérité.

Nous en connaissons beaucoup de ses dirigeants lâchés et déstabilisés pour avoir voulu un tant soit peu, faire preuve de nationalisme et d'autonomie, en refusant de continuer à donner à la France des contrats miniers ou pétroliers juteux, au détriment de leur pays : les cas du Niger et de la Libye sont là pour illustrer ces genres de manipulations prises en charge par des multinationales ou les services secrets, si ce n'est ouvertement l'œuvre des puissances occidentales elles-mêmes.

Le libéralisme économique prôné par l'Occident a favorisé des relais dans les multinationales qui sont de véritables Etats dans les Etats, dont le rôle est de soumettre les pays africains à une situation de dépendance absolue, de laquelle ils ne pourront se relever que difficilement. En cas d'espoir, ces pays pauvres mettront des siècles pour avoir des éclaircies. Pendant ce temps, le fossé entre riches et pauvres se creuse pour autant d'années. Ces véritables Etats dans les Etats se dressent comme un écran devant les peuples, et ne laissent aucun répit à l'Afrique, car ils n'ont aucun visage humain.

Dans les organisations internationales, les puissances du Nord consacrent leur hégémonie par rapport à l'Afrique. C'est le cas de l'Organisation mondiale du commerce (OMC), où les produits agricoles d'origine africaine ne sont pas valorisés, et perdent leur compétitivité face aux agriculteurs subventionnés du Nord. Cette pratique tendancieuse a pour effet de réduire la présence du continent sur le marché international. Déjà cette présence est de 2% à peine, et les satrapes veulent la rendre nulle. Les cotonculteurs africains auront beau dénoncer cet état de fait, ils ne seront jamais écoutés. Le coup de gueule de nos représentants aux Nations-Unies n'a pas permis de renverser cette tendance.

En effet, dans le commerce mondial, de nombreuses dispositions sont prises pour contrer le continent africain, notamment la subvention aux agriculteurs, la fermeture des frontières de l'Occident aux produits provenant du Sud. Ce sont autant de dispositions qui confirment la mauvaise foi quant à l'effectivité du commerce équitable. Le développement du commerce intracommunautaire de l'Afrique qui verra l'avènement d'un marché commun et d'une monnaie commune africaine serait une des meilleures solutions à cette injustice. C'est une voie que l'Afrique doit explorer impérativement. Car, l'Organisation mondiale du commerce reste un instrument de plus, conçu pour favoriser le sous-développement du continent, donc un instrument sur lequel l'Afrique ne peut s'appuyer pour se développer, plutôt duquel il faut s'éloigner, car ne favorisant que la détérioration des termes de l'échange au détriment de notre continent.

Si les matières premières africaines étaient achetées à leur juste prix, l'Afrique n'aurait pas besoin d'être toujours dépendante de l'aide extérieure.

L'Organisation mondiale du commerce reste un appendice des institutions internationales dont la mission est de retarder le décollage de l'Afrique par tous les moyens. L'échange inégal engendre la pauvreté et l'oisiveté de la jeunesse du continent, et c'est dans cette vision que l'OMC prospère, car c'est la mission qui lui est confiée par les institutions internationales.

Les institutions régionales

Les institutions régionales africaines ont brillé par leur faiblesse et leur inefficacité à régler les problèmes brûlants du continent. De l'Union Africaine (U.A), à la Communauté Economique des Etats de l'Afrique de l'Ouest (C.E.D.E.A.O) et autre Union économique et monétaire ouest africaine (U.E.M.O.A), de même que les ensembles sous-régionaux des autres parties du continent, l'existence de toutes ces institutions semble souffrir de l'absence d'un bras séculier capable de protéger l'Afrique et les Africains.

Sinon, comment comprendre que l'Occident, non content de dicter ses lois et ses désidératas au continent, entre maintenant dans les frontières pour soustraire et tuer des dirigeants des peuples dits libres et indépendants ?

Il n'y a pas de quoi être fier de la mort brutale du Colonel Kadhafi, fût-il dictateur. La honte et l'humiliation que constituent cette violation des terres du peuple libyen et cet assassinat sont encore plus difficiles à supporter devant le silence des Africains : même pas de communiqué de condamnation de principe, pour relayer la révolte de tout un continent ! L'U.A, au lieu d'adopter une opinion harmonisée, ferme et protectrice des intérêts vitaux et économiques du continent, est restée comme toute l'Afrique, muette. Mise à part l'Afrique du Sud qui a résisté quelque peu à ce mutisme collectif et complice, le reste des dirigeants du continent a encore démontré les limites des stratégies d'une Union Africaine engluée dans des querelles de leadership.

Un proverbe nigérien dit : « quand la barbe de ton voisin brûle, il faut mettre de l'eau à la tienne ». Le cas de Kadhafi doit amener les Africains à concevoir des systèmes de défense commune, qui seront activés pour aller au secours des territoires agressés par des forces extérieures. En l'absence de réactions fortes, allant jusqu'à des représailles de la part des Institutions africaines, demain ce sera le tour d'un autre dirigeant africain d'être assassiné dans les mêmes conditions. Car, les arguments et les moyens pour soulever les peuples africains contre leurs dirigeants ne manquent pas à l'Occident, étant donné que les Institutions africaines sont des coquilles vides qu'il tient par ses différents bailleurs de fonds et autres barbouses tapis dans l'ombre des cercles des pouvoirs africains.

En réalité, les institutions sous-régionales africaines sont des colosses aux pieds d'argile, répondant toujours « oui » à leurs maîtres et bailleurs de fonds. Et cela paraît normal qu'un certain Français ignorant sa leçon d'histoire pense que l'Afrique a manqué de rentrer dans l'histoire. En fait, Nicolas Sarkozy sera le plus passéiste de tous les esprits chagrins qui continuent de considérer l'Afrique comme le terrain de chasse des seigneurs et autres rois occidentaux: s'appuyant sur des idées proches des thèses qui ont justifié l'esclavage et la colonisation, il s'est permis une envolée dans l'Histoire qu'il croyait maîtriser, pour indiquer aux Africains comment ils devraient s'insérer dans l'Histoire. Il s'est permis de vouloir réécrire l'Histoire : « L'Afrique a sa part de responsabilité dans son propre malheur. On s'est entretué en Afrique au moins autant qu'en Europe »[13] , a-t-il soutenu, avant d'avoir le courage de formuler cette sorte de lourde responsabilité : « Le colonisateur est venu, il a pris, il s'est servi, il a exploité, il a pillé des ressources, des richesses qui ne lui appartenaient pas. Il a dépouillé le colonisé de sa personnalité, de sa liberté, de sa terre, du fruit de son travail »[14].

Avec un tel aveu, nos juristes africains ont-ils d'autres arguments à attendre pour donner l'assaut final dans la revendication des droits et dommages intérêts du continent ?

Selon Sarkozy, ce genre de comportements ne mérite ni réparation ni remboursement. Il s'agit là pourtant d'un aveu clairement exprimé, qui rejoint les réflexions de Stéphanie Treillet, dans son ouvrage intitulé *L'Economie du développement, de Bandoeng à la mondialisation*[15]. L'auteure,

13 Nicolas Sarkozy, extrait du « Discours de Dakar », prononcé le 26 juillet 2007, à l'université Cheikh Anta-Diop de Dakar (Sénégal), devant des étudiants, des enseignants et des personnalités politiques.

14 Idem.

15 Stéphanie Treillet, *L'Economie du développement, de Bandoeng à la mondialisation*, Armand Colin, 2007.

Maître de Conférence en économie du développement à l'IUFM de Créteil en France, a fini par considérer que :

> « Dans la plupart des pays, le tracé des chemins de fer construits par les compagnies anglaises ou françaises a été conçu exclusivement pour relier les régions productrices (plantations, mines) et les ports. Les économies ont été insérées de force dans l'échange colonial, ce qui a provoqué le démantèlement de leurs activités locales, notamment de l'industrie là où elle commençait à apparaître ».[16]

Puis, elle a posé courageusement le problème :

« Si la colonisation a orienté les économies vers le marché mondial, elle a également eu des conséquences lourdes sur le fondement interne des sociétés concernées, et hypothéqué leur avenir »[17]. Les difficultés actuelles des économies du continent ont bel et bien leurs origines dans cette façon dont l'Afrique a été pillée par la colonisation, mais avant par l'esclavage également.

En effet, comment ne pas être sensible aux injustices subies par les Africains tout le long de l'histoire ? Les pertes en vies humaines dues aux massacres divers, les esclavages et le travail forcé s'élèvent entre 8 et 20 millions d'esclaves arrachés à leur terre entre le XVIe et le XIXe siècle. Celles dues aux guerres coloniales sont évaluées entre 40 et 100 millions de personnes. Toutes ces barbaries dont l'Europe a été l'auteure en Afrique inquiètent rarement l'opinion internationale. C'est à

16 Op. cit. p. 30.
17 Op. cit. p. 33.

raison que le loup ne se préoccupe pas du cri de l'agneau car la loi du plus fort est toujours la meilleure.

Si l'Afrique avait, avec ses flèches empoisonnées et ses lances pierres, empêché la mort de Mouammar el Kadhafi et bien d'autres dirigeants extradés au Tribunal Pénal International (T.P.I.), provoquant ainsi la troisième guerre mondiale, elle saurait, aux yeux de ses ignorants, entrer dans l'histoire.

L'ignorance aveugle, a fait oublier à ce président que l'Afrique est le berceau de l'humanité, et que, en fait d'histoire, elle n'a pas à chercher à y entrer, mais qu'elle y était déjà, peut-être bien avant des peuples qui l'ont pillée pour constituer leur patrimoine. Les Occidentaux passent généralement sous silence le fait que l'esclavage et la colonisation ont conféré à l'Afrique, une place de choix dans la construction de l'économie des autres continents devenus les plus riches aujourd'hui, au point d'imposer leur mode de vie et leur culture au reste de la planète.

En effet, pourquoi voudrait-on oublier que l'Afrique a été saignée à blanc pour que l'Amérique prospère aujourd'hui ? Pourquoi devrait-on oublier que l'Afrique est le socle sur lequel le capitalisme s'est constitué ? Le souvenir du travail gratuit des millions d'esclaves déportés dans les plantations américaines reste un témoignage éloquent.

Il est nécessaire de rappeler que la politique de prédation systématique sur les mines et les matières premières agricoles conduite par les métropoles dans les colonies africaines a profité à l'enrichissement de l'Occident.

Aujourd'hui encore, les mines et autres richesses du continent continuent d'attirer la convoitise des multinationales occidentales. Les hommes politiques des anciennes métropoles aident ces multinationales à conquérir les droits d'exploitation taillés sur mesure, largement avantageux aux seules multinationales en faisant des pressions sur les gouvernements africains. Les gouvernements trop regardants sont menacés de déstabilisation. Au prix de dessous de tables et de corruption à l'endroit des dirigeants africains, les multinationales se taillent la part du lion dans l'exploitation des minerais. Elles se livrent à des prélèvements peu contrôlés par les gouvernements. Pendant ce temps, la pauvreté continue de s'étendre dans les pays pourtant riches en ressources minières.

L'Unité africaine ne peut réussir, tant que les anciennes et grandes métropoles interfèrent et s'ingèrent dans les affaires du continent, mais aussi tant que les chefs d'Etat africains manquent de volonté politique pour tout ce qui est africain, mais s'empressent, paradoxalement, à honorer tous les engagements avec l'Occident, même quand ces engagements vont à l'encontre des intérêts de leurs peuples.

Cette unité sera difficile à réaliser pour deux raisons : les chefs d'Etats africains, s'abandonnant aux manipulations de l'Occident, ne veulent pas tronquer leur soi-disant souveraineté, pour dépendre d'un chef fédéral, fût-il pris parmi eux-mêmes, d'une part. D'autre part, l'antagonisme qui existe entre l'Afrique noire et l'Afrique blanche n'est pas prêt à se résoudre, tellement l'absence de vision et de volonté politique des dirigeants fait défaut.

Les précurseurs de cette union comme le président Kwame Nkrumah, ont été combattus avec la sournoise complicité de certains de leurs pairs africains, sous prétexte qu'ils étaient communistes. Le colonel Kadhafi a pris la relève, avec de fortes Convictions, comme celles de soustraire l'Afrique de la tutelle de la Banque Mondiale et du FMI. Il a fini par être éliminé, tellement il était convaincu, sincère, riche…, et surtout dérangeant non seulement pour l'Occident, mais également pour les pays arabes dont son pays fait partie. Il prônait un islamisme tolérant, qui donne aux femmes une certaine autonomie. Pour preuve, toute sa garde était composée de femmes : c'était une vraie révolution. Mais aussi, par cette révolution, il remit en cause tous les contrats pétroliers de l'Occident, tant qu'ils ne tiennent pas compte des intérêts de son peuple. Pouvait-on mieux faire ?

Actuellement, la recherche de sources d'énergie en Afrique par les pays émergents du continent asiatique doit pousser l'Afrique à parler d'une même voix, pour tirer le meilleur profit de cette nouvelle coopération. En allant en ordre dispersé, l'Afrique sera encore affaiblie, devant un pays comme la Chine, qui n'a que ses intérêts à défendre, et ses plus-values à engranger.

En revanche, une politique africaine concertée et intégrée pourrait se mettre en face de la Chine, et lui faire exécuter tous les projets intégrateurs de l'Afrique, comme ceux du NEPAD, même si l'on reproche à ce programme d'avoir été conçu d'en haut, sans avoir associé réellement la base.

Il est très important, aujourd'hui, de voir les infrastructures de communication se développer en Afrique, de telle sorte que, le parcours de Niamey à Tahoua (550 km), ou de Niamey à Maradi (670 km) puisse se faire en deux heures, sans de retard dans les horaires. La coopération chinoise est, pour le moment, la seule capable de réaliser de telles prouesses.

La démocratie aura de beaux jours en Afrique, si les institutions régionales africaines entrent dans une même logique d'harmonisation de leur fonctionnement. Par exemple, il suffit de faire en sorte que les principes constitutionnels de base soient respectés, et qu'ils soient les mêmes pour tous les pays, comme la durée du mandat présidentiel qui pourrait être de 10 ans, non renouvelable, pour tout dirigeant africain, assorti d'une évaluation des résultats tous les trois (3) ans.

Une telle disposition aurait pour effet, d'une part, de réduire les endettements suscités par ces élections présidentielles, d'autre part, de remettre les populations au travail une fois que le chef d'Etat est élu. Cette option aurait l'avantage de régénérer l'appareil productif déserté par des bras valides qui ne jurent que par la politique pour se réaliser.

En effet, que de jeunes gens se traînent autour des ministères et autres directions nationales ou démembrements de l'Etat, à la recherche de quelque récompense, pour avoir voté pour le ou les partis au pouvoir !

A-t-on besoin d'être payé pour avoir fait son devoir civique ? Assurément non, et c'est pourquoi les dirigeants politiques doivent d'abord se donner le devoir de former leurs militants avant toute course au pouvoir. Mais, paradoxalement, ce sont ces courtisans que les leaders élus ou promus servent au lieu de servir l'Etat à travers le programme pour lequel ils sont élus. Le risque de décevoir leurs mandants leur ôte la chance d'être réélus. Le peuple devrait donc savoir que la démocratie est aussi un moyen pour sanctionner les mauvais dirigeants.

Aujourd'hui en Afrique, tout est politique, et les réflexions économiques attendent. Conséquence : on travaille peu et on attend toute promotion par la politique, sans mérite particulier.

L'impression que donnent ces tendances est que l'Africain comprend la démocratie à l'envers, et l'on est tenté de croire que le président Chirac avait raison de dire que l'Afrique n'est pas encore mûre pour la démocratie. En effet, en France, la construction de la démocratie est passée par plusieurs stades, et même par des révolutions, pour aboutir à ce que nous connaissons aujourd'hui. Chez nous, elle est imposée, sans aucune préparation, et on est étonné de certains constats amers : les élites africaines en mal d'arguments, ou se sentant vaincues lors des élections se lancent dans des diatribes « ethnicistes » qui sapent l'unité nationale et la paix.

Les dernières élections en Guinée et en Côte d'Ivoire en sont de parfaites illustrations. Ainsi en Guinée, les Peulh de Cellou Dallein Diallo affrontent les Malinké du professeur Alpha Condé, avec des pertes en vies humaines, et l'exode de plusieurs milliers de citoyens.

En Côte d'Ivoire, le scénario est identique. Le candidat sortant propose aux Ivoiriens, dans ses slogans de campagne, de choisir l'original face à la photocopie ou le masque, c'est-à-dire l'étranger qu'est Alassane Dramane Ouattara. Cette machination honteuse a été le point de départ d'une propagande sur le concept de « l'ivoirité », qui a divisé le pays, et a fait des milliers de morts.

Le concept de l'étranger n'existe pas chez l'Africain, car dans le langage courant, on se dit même père et même mère. La seule couleur commune de la peau suffit pour faire de nous des frères et sœurs. Aussi le continent est-il un carrefour de plusieurs civilisations qui s'entremêlent, et de filiation en filiation, elles évoluent.

Nos arrières grands-parents et parents ont voyagé à la recherche de la fortune en direction de la Gold Coast, actuel Ghana. Certains ont échoué avant d'y parvenir, qui au Niger, qui au Togo, qui au Dahomey (actuel Benin), qui en Haute Volta (actuel Burkina Faso). Ils y ont fondé leur famille et œuvré pour le développement de ces pays. En quoi sont-ils étrangers ? C'est la colonisation qui a balkanisé l'Afrique en micro-Etats différents, à l'existence précaire, toujours menacés par des problèmes de pauvreté, de revendication ethnique, de famine, de pillage et de convoitises mutuelles sur les richesses minières, attisées par l'Occident.

La même réflexion s'impose sur la question de bras valides déplacés de force par le colonisateur, d'un pays à un autre, et qui ont sué sang et eau pour bâtir des espaces devenus des pays indépendants aujourd'hui. Le tracé des frontières des Etats africains a été artificiel et aléatoire. Ce tracé a divisé des populations homogènes en les renvoyant de part et d'autre des nouvelles frontières. Les mêmes communautés se sont vues réparties dans des pays différents, du fait de l'érection de frontières voulues par le seul colonisateur. Restées les mêmes communautés ethniques, le même peuple, elles sont devenues des citoyens de pays différents. Les nouveaux Etats semblent ignorer ces situations. Cette ignorance seule justifie les conflits frontaliers sur lesquels les politiciens à cours d'idées surfent pour faire oublier les vrais problèmes de leurs concitoyens.

Le moment est donc venu de dire à ses dirigeants en manque d'arguments de se taire, car ils ignorent même quc c'est du métissage que naissent les grands hommes, les grands peuples. Les Etats-Unis l'ont bien compris, et c'est pourquoi ils sont la plus grande nation au monde. Le principal levier de solution que les Africains tardent pourtant à actionner est l'intégration rapide : une intégration véritable des politiques, des institutions et des structures. Mais avant tout, l'intégration doit être le fait des Africains eux-mêmes, une émanation de leur volonté commune, dans laquelle les Etats accepteront spontanément d'investir et de dissoudre quelques aspects de leur souveraineté.

L'intégration que les Panafricanistes appellent de tous leurs vœux ne doit pas être à nouveau financée par l'extérieur. Ce serait une erreur grave, doublée d'une grande naïveté pour les Africains que de croire que les puissances libérales de l'Occident financent l'intégration africaine, si elles n'ont pas une arrière-pensée de contrôle des ensembles régionaux ou sous-régionaux, surtout avec des visées mercantilistes sur les matières premières. Toute aide pour financer cette intégration tant souhaitée par les citoyens peut se révéler une récupération des Africains et de leurs potentiels économiques dans la mondialisation marchande, où ce sont les multinationales des puissances libérales qui tirent les ficelles de toutes les activités économiques. D'ailleurs, leur seul rêve reste de conquérir des positions dominantes partout sur la planète. Et l'Afrique, dont les ressources minières sont connues par ces puissances à travers une cartographie plus ou moins détaillée, suscite des appétits des pays ayant de grands besoins de matières premières. Une exploitation réfléchie et solidaire entre les Etats africains détenteurs de richesses stratégiques peut constituer une solution à la convoitise des multinationales qui fomentent la déstabilisation des pays par des guerres sourdes et des rebellions artificielles sur les frontières des pays. La situation des pays comme la République Démocratique du Congo demeure un des exemples patents de l'échec du développement, malgré les nombreuses richesses naturelles. Les conflits armés sur les frontières, les hostilités de voisins envieux et les manipulations des multinationales mafieuses empêchent ce pays de jouir réellement de son potentiel minier et d'asseoir une économie prospère.

La Guinée, aussi appelée « scandale géologique » par son ancien président Sékou Touré, a payé cher et même très cher, l'expression de son courage et de sa fierté en disant non, au Général de Gaulle en 1958. Les conséquences de cet acte courageux, voire téméraire ; la Guinée a été bloquée de toute part par l'Occident, empêchée de recevoir des financements d'investissements nécessaires à son développement économique, et ce pendant que des opposants sont financés et armés pour troubler la paix et la sécurité de ce pays à qui la Nature a pourtant tant donné. Le résultat de ces manigances : la pauvreté et la grande instabilité politique que le pays connait encore.

Nul doute qu'une mutualisation des investissements par les pays dotés de gisements miniers transfrontaliers et une intégration des politiques économiques d'exploitation de ces gisements apaiseront les conflits. Mais, ce qui sera le plus intéressant, est la puissance que représentera les pays détenteurs de ces gisements face aux multinationales et aux autres forces économiques du marché international. Pour l'heure, l'égoïsme de chacun des pays, activé par les manœuvres plus ou moins avérées des puissances exogènes transforme la détention de ces minerais et même de leur exploitation en un véritable cauchemar pour les peuples de certains pays. Le pétrole, l'or, le fer, et autres minerais rares..., sont dans le sous-sol des pays, et pourtant les peuples souffrent de la faim. Pire encore, les manipulations des multinationales leur imposent la guerre, l'exil ou l'émigration pour les jeunes en quête de mieux-être.

Exploitées par les firmes étrangères, les mines profitent peu aux citoyens des pays. Les pays ne disposant ni de ressources humaines qualifiées, ni des moyens techniques et logistiques, dépendent des firmes étrangères. Ces dernières œuvrent avec leurs gouvernements qui ont une main mise sur les Institutions internationales, pour imposer les règles du jeu économique international. A coup de corruption des gouvernements africains, cette jungle internationale poursuit tranquillement sa prédation sur les richesses du continent.

Beaucoup de pays africains ont déjà été victimes de ce genre de manœuvres, quand les institutions de Bretton woods les obligeaient à privatiser les sociétés et les entreprises publiques. Sans une réflexion prospective et autonome préalable, des pans entiers de leurs économies ont été cédés à des multinationales. En effet, présentée comme une sinécure, la privatisation a été imposée aux pays au nom des Programmes d'Ajustement Structurel (PAS). Des services d'une valeur hautement sociale, voire stratégique comme la distribution de l'eau potable, ont été privatisés : ce sont les multinationales du Nord qui se sont ruées sur ces secteurs, en rachetant à vil prix des entreprises publiques dont les équipements en bon état d'exploitation favorisaient une relance rapide des activités. Paradoxalement, c'est par les licenciements de milliers de travailleurs que l'opinion publique découvrira le subterfuge des multinationales qui, pour augmenter leurs bénéfices, ont procédé à des réductions drastiques des effectifs, en envoyant au chômage des milliers de citoyens.

La même logique marchande amenait ces acteurs insensibles aux problèmes des pauvres à augmenter les coûts de leurs prestations, au point de les rendre inaccessibles à la majorité des citoyens de ces pays. Dans un réveil tardif, les gouvernements de ces pays n'ont vu qu'émeutes, grèves et menaces de soulèvements populaires. Pendant ce temps, les multinationales se font des marges faramineuses, consolident leurs moyens, déstructurent les Etats, au nom de la mondialisation. Une mondialisation qui a un but marchand, mais que les plus riches de la planète font des pieds et des mains pour faire passer comme une aubaine.

Pour parvenir à leurs fins, leurs maîtres mots demeurent la dérégulation des économies, la disparition des frontières et des barrières économiques. Les résultats de leurs manœuvres et autres manigances sont la faiblesse ou la disparition de l'Etat et la puissance chaque fois accrue du capital, partout, en maître du jeu économique, écrasant les petits commerçants et les paysans, les petits producteurs africains. Cette constatation conduit à s'interroger sur la place de l'Afrique dans ce monde qui se globalise.

Quelle place les puissances libérales concèdent- elles au continent africain dans la mondialisation ?

Le risque est grand que cette place ressemble fortement à celle que le continent avait déjà occupée du temps de la colonisation : domaine privé des puissances qui viennent y puiser matières premières et produits de rente pour leurs industries, de même que celle de réservoir passif de consommateurs. Pour échapper à cette répétition de l'histoire, les pays africains devraient accélérer l'intégration de leurs systèmes économiques et politiques.

L'intégration africaine doit être l'affaire des Africains. Par conséquent, il est impératif de mobiliser les ressources dans nos Etats respectifs, pour financer le désenclavement du continent par les routes, le chemin de fer, les aérodromes, etc. Par exemple, la création d'un impôt NEPAD, de l'ordre de 1000 francs Cfa par habitant, peut être envisagée. Une telle initiative permettrait de mobiliser chaque année, environ 800 milliards de francs Cfa comme fonds de démarrage. En dix ans, on aurait, sans aucun doute, fait du chemin. Une fois assis, cet impôt permettra de mobiliser environ 8.000.000.000.000 de francs CFA sur la période considérée. Le coût du kilomètre de rail étant actuellement de 400.000.000 de francs Cfa, ces fonds permettraient à l'Afrique de construire 2000 km linéaire de rail par an, et en dix ans, on en aurait construit 20.000 km linéaire ; de quoi relier toutes les grandes régions de l'Afrique, et favoriser une bonne intégration. Une telle réalisation est bien possible et séduirait le monde, en même temps qu'elle redonnerait confiance aux Africains. Du coup, le continent déclencherait cette ruée des investisseurs tant souhaitée. Ces investisseurs qui feront une cour assidue à l'Afrique accepteraient ses conditions au lieu d'imposer systématiquement les leurs, juste l'inverse de ce qui se produit actuellement, où c'est l'Afrique qui court après d'hypothétiques investisseurs, quitte à accepter de subir de nouvelles conditions ténébreuses de pillage et de prédation de ses richesses.

Si depuis sa mise en place, le NEPAD a du mal à se concrétiser, c'est parce qu'il n'a pas été l'objet d'une bonne communication, soutenue par une large diffusion de son contenu, à l'endroit des peuples africains. On s'est cantonné à en faire une vision, dans l'esprit des seuls dirigeants. Ces derniers n'ont pas su le vulgariser à l'endroit des couches moyennes notamment. Les dirigeants n'ont certainement pas encore voulu donner au NEPAD la priorité qu'il mérite.

Dans le même ordre d'idées, on peut ressusciter la compagnie de transports aériens Air Afrique qui était le premier moyen réussi d'intégration du continent. Le citoyen lambda ne comprend toujours pas la mort programmée infligée à cette multinationale africaine qui avait de beaux jours devant elle, mais à qui on a caché le lever du soleil. C'est bien à tort que les dirigeants africains de l'époque ont accepté cette mort. Quel gestionnaire, quel expert-comptable, de quelque pays membre de la multinationale ne pouvait-il la redresser ? Un plan de redressement est certes toujours drastique, mais il aurait pu être appliqué pour sauver cette fierté africaine. Nos Dirigeants ont, là encore, manqué de vision. Et Air France prend le monopole dans l'espace africain, avec des bénéfices exorbitants et des comportements indécents vis-à-vis des Africains qui essaient de prendre cette compagnie, dont les billets, tous trajets confondus, font deux fois au moins les tarifs pratiqués par la défunte Air Afrique. Les tarifs prohibitifs appliqués sont conçus de manière à décourager l'émigration du continent noir vers l'Europe.

Les institutions régionales devraient imaginer et financer des projets de développement intégrateurs, pour favoriser le commerce intra-communautaire et les possibilités de solidarité accrue entre les peuples et les nations d'Afrique.

Le Niger, par exemple, dispose d'un des plus grands gisements d'uranium au monde, matière avec laquelle il peut s'offrir une centrale nucléaire avec l'aide et l'appui des communautés régionales. La capacité minimum d'une centrale est de 1000 mégawatts, ce qui lui permettra de s'offrir et de fournir, à bon marché, de l'électricité aux autres pays de la sous-région. Une électricité à bon marché est source de développement industriel et commercial. Pourtant, les institutions régionales n'évoquent jamais de telles perspectives, bien qu'il y ait des déficits d'énergie dans beaucoup de pays de la sous-région. Les délestages qui compromettent la bonne marche des activités économiques dans beaucoup de pays amènent nos dirigeants à s'adresser aux bailleurs de fonds de l'Occident pour solliciter des moyens financiers à titre d'emprunts onéreux, en vue d'acquérir des générateurs ou des intrants divers. Une réelle intégration, réaliste et pragmatique aurait permis d'envisager une exploitation commune et bénéfique pour tous, de l'uranium du Niger, pour combler ce déficit énergétique de la sous-région, et donner la preuve concrète d'une solidarité inter africaine ; même si cela doit nous obliger à frapper encore à la porte des bailleurs de fonds pour nous endetter.

La dette de l'Afrique

On peut se demander s'il existe au monde un continent aussi pillé et aussi injustement endetté que le continent africain. Non seulement on se sert de nos placements et de leurs intérêts dans les banques européennes pour nous accorder des prêts avec obligation d'acheter les produits manufacturés aux mêmes bailleurs, rendant ainsi leur balance de paiement excédentaire, mais aussi, on nous vend souvent des machines sans service après-vente. Dans le cas où ce service après-vente existe, les pièces de rechange valent dix fois le prix de la machine.

Les garanties en devises placées au trésor français pour garantir le franc CFA ou franc de la Communauté française en Afrique, sont placées sur le marché monétaire international, et les intérêts produits sont payés au trésor français, dans l'ignorance ou la complicité totale des pays ayant cette monnaie en partage. Ce sont ces eurodollars placés sur le marché monétaire qu'on prête à notre continent à des taux usurier qui augmente notre dette.

Les transactions bancaires se font par l'intermédiaire des banques occidentales qui contribuent à nous livrer pieds et mains liés dans l'étau de la dette qui est un véritable frein au développement du continent africain. Du reste, cette dette payée plusieurs fois sur nos maigres ressources est une véritable escroquerie. C'est avec une image bien réaliste qu'Aminata D. Traoré évoque les effets de cette dette :

> « Susan George l'appelle le fardeau de l'homme noir, tant elle est lourde à porter, difficile à gérer et impossible à rembourser. La dette extérieure marque à l'heure actuelle de son sceau les rapports de l'Afrique au monde et dans une large mesure à elle-même. La raison en est le poids démesuré des créanciers multilatéraux et bilatéraux sur les mécanismes de prises de décisions dans pratiquement tous les domaines de l'existence des populations africaines, de la fécondité des femmes aux modalités de la démocratisation et de la participation du continent à la marche du monde »[18].

La lucidité avec laquelle A. Traoré aborde la question de la dette africaine lui permet de parcourir et de révéler du même coup que tous les domaines de l'existence des peuples africains subissent le poids de la dette : celle-ci a un impact négatif sur le développement des peuples.

La dévaluation de 50% du franc CFA, imposée aux Etats africains qui utilisent cette monnaie, en 1994, aurait pu leur permettre de bénéficier de 50% des réserves en devises placées au trésor français, sous forme de garantie,

18 Aminata D. Traoré, *L'Etau, l'Afrique dans un monde sans frontières*, Paris, Ed. Actes Sud, 2001, p. 185.

mais rien n'y fit. Et aucun dirigeant africain n'a su, à ce jour, poser une telle revendication.

L'Afrique ne doit plus rien à l'Europe, vu qu'elle a payé plus de cent fois ce qu'elle a emprunté. On s'étonne, parlant des maux que la colonisation a causés à l'Afrique, d'entendre certains intellectuels africains refuser de parler de dédommagement, mais d'une simple reconnaissance par l'occident de ses torts, alors même que la Libye de Kadhafi a été dédommagée par des centaines de milliards de dollars par l'Italie pour toutes les exactions causées à ce pays durant la période coloniale.

L'esclavage, tout comme la colonisation, est un crime contre l'humanité qui ne saurait être prescrit. Donc, l'Afrique aurait bien raison de demander à être dédommagée, n'en déplaise aux intellectuels, valets de l'Occident, qui ont intérêt à ce que l'Afrique croupisse dans la pauvreté pour que, eux vivent dans l'opulence occidentale, où ils perdent leur identité et leur dignité, et vont s'entasser devant les services de l'immigration des jours durant, de peur de vivre l'aventure des charters.

Les conditionnalités des prêts du FMI et de la Banque Mondiale n'offrent aucune marge de manœuvre aux pays emprunteurs qui ne peuvent bénéficier de crédit à bon marché susceptible de stimuler l'investissement générateur de croissance. Les gouvernements n'ont d'autres choix que d'emprunter auprès des banques commerciales dont les conseils d'administration sont dirigés par les Occidentaux. C'est avec ces emprunts aux conditions onéreuses que l'Afrique est obligée de financer les importations de biens de consommation. Les intermédiaires, spéculateurs, élites et gouvernants impliqués, trouvent leur compte en réalisant de gros profits au détriment de la majorité de la population et des Etats qui tombent dans une pauvreté chaque fois accrue.

Cette pauvreté rend la démocratie subjective, qui ne profite qu'aux riches qui achètent les voix des pauvres, pour se loger aux avant-postes de tous les pouvoirs.

Dans certaines contrées du Niger, il suffit d'un bol de riz pour obtenir les voix qui permettent de siéger à l'Assemblée Nationale, pour y défendre ses propres intérêts, et non ceux du peuple à qui l'on prétend assurer le bonheur.

Point n'est besoin de se rendre compte qu'on n'est pas dupe. Les deux institutions internationales de prêt (la Banque mondiale et le FMI) sont complémentaires ; on impose à nos pays lourdement endettés d'emprunter encore et encore auprès du FMI pour rembourser la Banque mondiale ou vice versa. Toute résistance de la part d'un pays, l'expose à une fin de non-recevoir de toutes les banques du monde, si entre-temps ce gouvernement ne se fait pas renverser pour avoir désobéir

La dette africaine est, sans aucun doute, la conséquence de mauvaises stratégies de développement imposées à l'Afrique qui semble, par complexe d'infériorité, incapable d'inventer les siennes propres en fonction de ses propres avancées économiques et techniques, de son environnement et de sa diversité culturelle. On nous donne du crédit pour acheter des produits manufacturés made in France, et pour rembourser, on nous oblige à vendre à vil prix nos produits d'exportation. Conséquence : on sera toujours endetté au grand bonheur de l'Occident.

Les intellectuels formatés dans les écoles occidentales ne peuvent tenir un autre langage que celui du maître, qui a savamment conçu un système éducatif, non pas pour servir l'Afrique, mais pour se servir. Sinon comment peut-on accepter de donner une garantie à vie, à l'Occident, pour garantir notre monnaie commune le franc CFA, alors que nous pouvions nous-mêmes créer notre propre monnaie qui peut, devenir convertible entre pays africains, pour favoriser le commerce intracommunautaire, avant de devenir une monnaie d'échange internationale.

Dans la période précoloniale, le cauri a bien servi de monnaie entre les peuples africains, selon les témoignages historiques. Pourquoi ne peut-il pas servir aujourd'hui ? Sans aucun doute, nos dirigeants semblent frappés d'une cécité qui les empêche de se pencher sur la question. Pour seulement la convertibilité du franc CFA en franc français des années 1960, le gouvernement français, en tant que gouvernement de tutelle des colonies, a exigé que les Etats utilisant le franc CFA déposent en devise l'équivalant de 100% de garantie au trésor de France, pour obtenir la convertibilité de ce CFA en franc français à raison de 100 CFA pour un franc français. Mieux, en 1994 lorsque ce CFA est dévalué de 50%, l'Etat français n'a pas remboursé nos Etats pour accompagner le choc de cette dévaluation. On est ainsi privé des ressources financières qui auraient pu nous aider à nous désendetter, mais aussi nous permettre d'investir dans les secteurs porteurs de nos économies, comme l'agriculture, l'éducation, la santé, les infrastructures et autres, tellement les domaines sont nombreux. Ce qui révolte encore plus particulièrement les Africains, c'est que la France se sert de notre argent pour nous étrangler par un endettement à des taux prohibitifs, au vu et au su de ceux qui nous gouvernent. C'est la preuve palpable que la réalité des pouvoirs dictatoriaux ou démocratiques africains se trouve hors de notre continent.

Les Africains ont prouvé, malheureusement, qu'ils ne peuvent vivre qu'en se servant des modèles occidentaux. Tout ce qui vient de l'Europe est un modèle à utiliser, alors que tout ce qui vient de chez nous suscite notre méfiance et notre raillerie, donc reste à rejeter.

Un célèbre chercheur béninois du nom de Valentin Agon a inventé, grâce à ses différentes recherches, des produits pharmaceutiques à base des plantes médicinales africaines tels Api-palu ou C.C.V qui sont des produits d'une excellente qualité pour la santé humaine, et dont les prix défient toute concurrence, vu que ces prix tiennent compte du pouvoir d'achat de l'Africain : autour de 1500 francs CFA, soit 2.30 Euros, contre 9 Euros pour le moins cher des produits importés contre le paludisme.

Les industries pharmaceutiques internationales vont s'opposer par tous les moyens à ce que ce chercheur développe ses produits pour les mettre à la disposition de l'humanité, et feront tout pour l'empêcher d'obtenir des subventions pour améliorer et continuer ses recherches.

Le cas du Bénin n'est pas isolé. Au Niger, le professeur Abdoul Moumouni Djoffo pouvait développer l'énergie solaire pour la mettre à la disposition du continent africain. Mais son rêve est resté dans sa tombe, parce que les firmes internationales n'y ont pas leurs intérêts, et ont empêché toute aide budgétaire des Etats africains à ce projet. Autant de frustrations amènent les esprits éclairés à se poser la question suivante : à quand le bout du tunnel ?

Toutes ces incohérences rendent la dette particulièrement injuste et nous imposent de réclamer son effacement pur et simple. Et j'explique de suite le caractère injuste de la dette ou plutôt de son usage.

En fait, quand dans les années 80-90, et même plus tard, le service de la dette devenait difficile à supporter pour les Etats, le rigorisme libéral, ou un certain autisme des responsables des institutions internationales et des bailleurs imposait aux pays endettés d'utiliser de nouveaux emprunts pour payer les services des dettes antérieures. C'est en cette incongruité que réside le caractère injuste, voire inique de la dette, puisque du fait même de cette imposition, les pays étaient contraints de mettre un frein aux investissements dans les secteurs sociaux.

Les secteurs en question (éducation, santé,…), que le PNUD considèrera plus tard comme « domaine humain prioritaire », se sont alors dégradés, au grand dam des Etats et des populations les plus pauvres qui vont parfois réagir violemment contre cette injustice et ceux qu'ils considèrent comme des privilégiés des Institutions.

La réponse que je voudrais apporter servira certainement à une réflexion prospective sur les sources de financement, les moyens et orientations qui portent un réel projet pour sortir les plus démunis du sous–développement.

En effet, quand dans les années 60/70, les pays du Sud, en général, ceux de l'Afrique noire en particulier, ont enclenché le processus de la dette, l'objectif était de parvenir, par les investissements dans les infrastructures, à les mettre sur l'orbite du développement.

Toutefois, il faut préciser tout de suite que ce développement avait pour modèle unique et exclusif le niveau atteint par l'Occident développé. Le ferme espoir d'investir pour atteindre ce même niveau a mobilisé gouvernements du Sud et créanciers du Nord. Sans se soucier des besoins réels des populations, pour leur concevoir des projets sur mesure, on s'est mis à solliciter des bailleurs, de l'argent pour réaliser des projets ambitieux. Des projets extravagants et démesurés ont été imaginés. Les firmes et services onéreux du Nord ont été sollicités, soit pour fournir les crédits, soit pour réaliser, à titre de prêt, des investissements dans les infrastructures qui deviendront, dans beaucoup de cas des éléphants blancs. Des élites africaines ont parfois été mises à contribution pour cautionner ou pour formuler une partie de la réflexion ad hoc. Mais les engagements des Etats ne pouvaient être respectés, à partir d'un certain seuil de cumul d'emprunts.

En plus de ces aspects purement erronés, il y a le contexte international des échanges dans lequel les produits africains d'exportation subissaient des baisses de prix jamais atteints. Produits miniers et produits agricoles bruts connurent une baisse drastique de leur prix sur le marché, rendant les recettes toujours insuffisantes pour les Etats, tandis que les produits manufacturés que le continent importait augmentaient de prix : la balance commerciale devenait durablement déficitaire, dans une Afrique qui ne cessait pas pour autant de consommer les biens manufacturés, et surtout de solliciter les bailleurs pour investir dans une modernisation pas toujours opportune dans bien des cas. Les fonds empruntés servaient à cet effet, alors que les recettes des exportations ne comblaient pas les déficits.

Le comble aura été la contrainte que nos pays eurent d'emprunter de l'argent de l'extérieur pour payer les travailleurs des services publics. L'incongruité de la situation le discute à l'injustice de la dette. On perçoit donc que ce sont les circonstances, les usages et les orientations des investissements réalisés par les fonds emprun tés qui sont complètement injustes, par rapport à la pauvreté du plus grand nombre. Le minimum de justice aujourd'hui exige l'annulation complète de la dette.

Quant aux milieux politiques africains, rares sont les hommes d'Etats au pouvoir qui ont osé dénoncer ouvertement cette dette, et juger de son injustice ou de son maintien avant le sommet de Libreville en 1998. Mais la dette est réellement injuste, disproportionnée, et inefficace pour financer nos investissements. La preuve : nos économies croupissent sous son poids, au point où nos efforts de production sont très peu perceptibles.

Feu président Thomas Sankara du Burkina Faso est, à ma connaissance, le seul chef d'Etat de son époque à s'insurger et à proclamer, haut et fort, à un sommet de l'OUA (à Addis-Abeba en 1986), que la dette africaine est injuste. Et que le continent africain n'est pas prêt de la payer. Que ceux des chefs d'Etats capables de la payer, n'avaient qu'à aller le faire au sortir du sommet. « Allez payer à la Banque mondiale », disait-il sous forme de provocation, faisant allusion à ses aînés valets de l'Occident. « En tout cas les pays pauvres comme nous n'ont rien pour payer », avait-il enchainé. C'était le seul chef d'Etat de l'époque qui avait osé, et qui avait fait preuve d'un grand courage. Malheureusement, la réponse à son courage est connue. Il a été lâchement assassiné. Il ne manque jamais de prétexte à l'Occident pour appauvrir l'Afrique. Après les échecs successifs de tous les projets et programmes de développement pour sortir l'Afrique de son sous- développement, l'Occident innove par l'ouverture sans restriction des frontières du continent, qu'il qualifie de mondialisation.

L'Afrique dans la mondialisation

La mondialisation paraît encore un bon prétexte pour ouvrir le marché africain aux productions du Nord. Ce libre échange, qui serait porteur d'un meilleur monde aux yeux des ultralibéraux, est une pure escroquerie inventée par et pour le Nord. Les économies naissantes des pays d'Afrique peuvent-elles rivaliser avec les économies du monde industrialisé ? Aucun pays, librement consentant, ne peut se prêter à ce jeu du loup et de l'agneau. Même les grandes nations industrialisées font souvent recours au protectionnisme pour protéger certaines de leurs industries naissantes ; c'est le cas des Etats-Unis en 2002, qui ont rétabli les barrières douanières pour protéger leurs aciéries. Le libre-échange a toujours été une arme employée par les plus forts pour imposer aux plus faibles l'ouverture de leurs marchés.

La mondialisation est donc une traque où le gagnant, qui a l'habitude et qui connaît bien le jeu pour l'avoir inventé, poursuit sa victime de ses bons conseils en l'encourageant sous différentes conditionnalités à ingurgiter le médicament mortel.

Au regard des théories économiques inventées au Nord, il est dit que l'ouverture des marchés favorisera la spécialisation et l'intégration des marchés régionaux et sous-régionaux au commerce mondial, ce qui aura pour effet la croissance des pays du Sud. Bien au contraire, ce libre échange videra l'Afrique de ses devises et affaiblira les balances commerciales de ses pays. Cette mondialisation favorise la détérioration des termes de l'échange en faveur des pays développés. La dernière-née de la mondialisation est l'autoroute de l'information qui rend le monde planétaire capable de s'envelopper dans un mouchoir de poche, mais capable de destruction financière et culturelle massive du continent africain. Rien n'est plus aujourd'hui secret, même pas l'intimité.

La mondialisation efface en nous tout ce qui fait de nous des Etats-nations ; elle va plutôt créer l'esclavage financier, dans lequel nous allons travailler pour le maître, et ne rien produire pour nous-mêmes. Cela conduira à une pauvreté grandissante dans laquelle nous végéterons toujours.

Thomas Sankara disait que « la seule manière de vivre libre et heureux est de vivre africain ». Or, la mondialisation nous détache de notre culture, de notre environnement, de notre économie, pour bien nous abattre. La part de l'Afrique dans le commerce mondial ne dépasse guère 2%, et c'est pourquoi le président Sarkozy pense que la France n'a pas besoin de l'Afrique. La réorientation des activités commerciales et de l'aide vers les pays de l'Est, dont une partie est intégrée à l'Europe est devenue, pour la France, une stratégie pour mieux escroquer et appauvrir ces Etats : la Grèce par exemple n'aurait pas connu la crise si elle n'avait pas été intégrée à l'Europe.

La mondialisation est la nouvelle trouvaille pour ouvrir nos frontières aux produits manufacturés de l'Occident qui font une concurrence sauvage aux produits africains, non seulement en détruisant nos facultés de création, mais aussi en favorisant les balances commerciales des pays riches, au détriment des nôtres qui sombrent dans une pauvreté sans précédent.

En réalité, la mondialisation a quelque chose de cynique que bien des personnes ont déjà déploré. On se souviendra des attaques en règle de Viviane Forester contre la Banque Mondiale et le FMI qui en sont les bras séculiers auprès des pays pauvres, dans *La Dictature du profit*[19], ouvrage devenu le livre de chevet des altermondialistes. Pour cette romancière et essayiste,

> « Les gouvernements [devenus] de simples intermédiaires, plus ou moins en accord, mais tous engagés en première ligne, devront s'ajuster à des mesures d'une telle cruauté qu'ils n'auront pas vraiment prises, à des bévues désastreuses qu'ils devront faire avaler, à une inégalable inefficacité relative aux buts annoncés mais absolument efficace au regard des desseins qui leur sont sous-jacents, ceux d'une idéologie et de sa politique souterraine, qui mènent, elles, le jeu. »[20]

19 Viviane Forester, La Dictature du profit, Paris, Ed. Fayard, 2000.
20 Op., cit. p. 190.

Le maître du jeu, le capital non localisé, est plus dangereux en Afrique, par sa prédation qui a déjà fait grimper les taux de pauvreté au sein d'une population toujours en augmentation.

Cet ensemble de faits corroborent le sentiment qu'à vrai dire, la mondialisation est une manière de valoriser et de montrer le modèle occidental comme seul valable pour toute la terre.

Comment faire évoluer les relations de l'Afrique au monde et lui faire changer de statut ?

Une vérité apparaît de plus en plus évidente, et c'est ce que souligne la réflexion suivante, au sujet de l'un des accords que l'Afrique a été amenée à signer avec l'Europe :

> « Malgré ces dispositions commerciales apparemment favorables, il faut bien constater que la convention de Lomé, à la suite des conventions de Yaoundé, n'a pas modifié la structure coloniale (sic) et "Traditionnelle" des échanges commerciaux entre la communauté et les ACP : la CEE importe des produits primaires en provenance des ACP, et leur exporte des produits manufacturés. »[21]

La place et le sort que la colonisation a faits à l'Afrique ne sont donc pas très différents de ce que la mondialisation est en train de lui imposer. On ne saurait comprendre que l'ensemble de l'Europe, à travers l'Union

21 Jean-Pierre Dubois et Paul Ramadier, « Bilan limité des Conventions de Lomé », in *Manière de voir* N° 108, décembre 2009 - janvier 2010, p. 57.

Européenne concocte des accords au nom desquels les produits des pays d'Afrique (membres des ACP) sont ainsi exploités par les industries européennes.

La seule alternative pour l'Afrique d'échapper à cette forme d'exploitation, est de passer rapidement à une industrialisation fondée sur l'intégration et la mutualisation des moyens et des équipements entre les pays producteurs de matières premières. Ce sera la chance de s'offrir un tissu industriel régional, transformant les matières premières en biens de consommation à exporter vers les pays africains et en dehors de l'Afrique. Ainsi, il y aura une chaîne de valeurs qui restera sur le continent. Toutes les « missions civilisatrices » sur le continent ont été, malgré la résistance de l'indigène, faites pour enlever tout ce qui fait de lui un africain ; pour ce faire il fallait imposer l'école étrangère, par laquelle il ne peut penser qu'à travers des modèles occidentaux.

Le poids du modèle occidental

L'esclavage, l'occupation et la colonisation ont imposé le modèle occidental à l'Afrique. Mais les Africains eux-mêmes ont du mal à se départir du modèle d'emprunt. Notre système administratif est typiquement occidental ; les salaires sont alignés sur ceux de l'Occident, avec pour conséquence une mauvaise répartition du revenu national, qui produit de nombreux chômeurs, alors même que le trop perçu sur certains salaires peut juguler le chômage.

En effet, nombre d'Africains importent le modèle européen en lui accordant une grande importance, au point où leur faculté inventive disparaît ou se détruit au contact de l'Occident. Nous passons notre temps à singer le Blanc. C'est à se demander quand notre propre modèle s'imposera, à nous-mêmes d'abord, puis à d'autres qui y trouveront de l'inspiration.

L'actuelle dépendance du modèle occidental ne nous permet pas de valoriser nos coutumes, et notre jeunesse de qui l'Afrique attend beaucoup, se retrouve de plus en plus déracinée, complètement ignorante des valeurs africaines. C'est à peine que les jeunes africains n'ont pas honte de leur origine aujourd'hui. Ils préfèrent vivre indéfiniment en Occident, ou tout faire pour atteindre des pays qui déploient de très gros moyens pour les tenir loin de leurs frontières.

Même leur propre apparence physique africaine pose des problèmes aux Africains. Ne voyons-nous pas tous les jours des jeunes filles se dépigmenter la peau pour avoir la peau blanche, par pur complexe ? Dans certaines régions du continent, des hommes aussi n'hésitent plus à se décaper la peau, dans le seul but de ressembler à des Blancs. Le mal auquel renvoient de tels comportements est plutôt psychologique, vu qu'il justifie le complexe d'infériorité et ses dérapages. Mais le fait pour les adeptes de ces pratiques d'exposer leur organisme à des cancers et autres maladies de la peau fournit des preuves suffisantes pour rejeter de telles pratiques.

Le modèle occidental est dépourvu de toute humanité, ce qui compte c'est l'accumulation du capital et la domination du monde. Or en Afrique, on respecte encore ses valeurs humaines et sociales, ce qui distingue quelque peu encore l'Afrique des autres, comme le résume Boubou Hama : « le plus grand bien que l'Afrique peut apporter à notre commune humanité dans l'angoisse est son retard, celui-là même qui manque à l'Occident industriel pour devenir humain. »[22]

Cependant, depuis la colonisation, l'Afrique s'est vu imposer les voies de son fonctionnement économique et politique. Le colonisateur était sûr de son projet : se servir des espaces coloniaux pour s'assurer un approvi-

22 Boubou Hama, politologue nigérien.

sionnement régulier de ses industries et usines, voire une survie de l'économie de la métropole, d'une part.

D'autre part, le projet politique considérait, dans bien des cas, les colonies comme partie intégrante des pays colonisateurs, mais avec un mépris pour les habitants des colonies, traités comme des populations de seconde zone, avec un statut inférieur à celui des métropolitains. Un tel projet a justifié tous les abus coloniaux. Il a surtout inculqué aux colonisés un complexe que des psychologues ont appelé plus tard « le complexe de colonisé ». La description de cette tendance psychologique n'est pas l'objet de la présente réflexion. Mais il importe de retenir un aspect particulier du « complexe de colonisé » qui rend l'ex-colonisé peu sûr de lui-même, et qui fait qu'il croit béatement que tout ce que son ex-colonisateur a inspiré ou conçu est d'office supérieur à tout ce que lui-même peut concevoir ou mettre sur pied.

Comment ne pas comprendre qu'en Afrique, le fait de conserver tous les schémas conçus et imposés par la colonisation dans l'administration, dans l'éducation, et surtout dans les choix économiques et politiques de développement, relève de ce « complexe de colonisé » ?

Malgré les échecs patents enregistrés sur les projets et programmes de développement conçus par les instances occidentales, l'Afrique met du temps à s'inspirer réellement de son propre parcours pour créer ses perspectives. Les grands experts du FMI et de la Banque Mondiale ont succédé à ceux des ex-colonies pour continuer à croire que l'Afrique doit suivre les mêmes étapes que l'Europe pour atteindre son développement. Leurs solutions attendent d'être éprouvées comme vraiment fiables. Même à l'heure où tout semble faire croire, en Afrique, que la croissance est au rendez-vous, des interrogations subsistent sur la persistance de la pauvreté.

Les Programmes d'Ajustement Structurel ont montré leur limite. Les stratégies de réduction de la pauvreté que l'on considère comme émanant de structures endogènes et concertées marquent le pas, et révèlent des difficultés à atteindre les objectifs du millénaire pour le développement (OMD).

Tout comme les privatisations tous azimuts n'ont pas conduit à la réalisation du rêve d'une économie diversifiée et compétitive, la libéralisation des secteurs sociaux comme la santé et l'éducation n'a pas pour autant résorbé le chômage et le sous-emploi. Le démantèlement des structures d'encadrement des producteurs et de régulation des prix des produits de rente a conduit à la paupérisation du paysan africain, au profit des réseaux plus ou moins mafieux qui ont pris le contrôle de filières entières de la production agricole.

Ce long chapelet d'échecs et d'errements a absolument fragilisé les Etats africains que le FMI et la Banque Mondiale ont continué à pousser à se mettre en marge, voire à se soustraire complètement des secteurs entiers de leur économie. Le modèle de libéralisation économique de l'Occident capitaliste a inspiré ces institutions à appliquer en Afrique, les mêmes logiques qu'en Occident, sans se demander si les contextes géographiques et historiques favorisaient une réponse des mêmes logiques. On ne s'est même pas posé la question de savoir si l'Afrique pouvait appliquer tout et tout à la fois.

Des pratiques et institutions qui ont mis des siècles à se fixer ont été imposées à l'Afrique du jour au lendemain, avec les conséquences désastreuses qu'on n'évalue qu'actuellement.

Les mêmes échecs qu'à suscités un système éducatif copié sur l'Occident sont en train de se produire dans le domaine économique. Alors que les pays ont besoin de professionnels essentiellement techniques, pour construire les infrastructures et maîtriser les domaines de la production industrielle, agronomique et l'exploitation des ressources naturelles, les pays africains ont été encouragés à adopter un enseignement supérieur fait de facultés de lettres et autres sciences sociales sans réels impacts sur la maîtrise du milieu environnemental par les Africains. Pendant ce temps, le continent continue de recourir à l'expertise d'Occidentaux pour exploiter ses mines et ses ressources naturelles, avec des velléités chez certains pays occidentaux d'organiser l'élimination physique des rares experts africains qui prennent l'option de mettre leurs compétences au service de leur pays d'origine. Fuite des cerveaux et rétention des experts africains dans les réseaux occidentaux ont constitué une stratégie pour maintenir un modèle économique occidental qui montre chez lui-même de plus en plus, des signes d'une dégradation certaine.

Aujourd'hui ce qui fait le plus peur pour un certain nombre d'entre nous, c'est le transfert certain de la nouveauté occidentale chez nous : le mariage entre les personnes du même sexe, plus connu sous le mariage gay institutionnalisé par des lois en Europe. C'est à croire qu'on est au début ou à la fin du monde, car la procréation humaine aura, à terme, disparu ; et je me demande si ceux qui l'encouragent y ont pensé ? C'est aussi à se demander si demain l'aide publique au développement en direction de l'Afrique ne sera pas conditionnée par l'instauration, dans nos pays, des lois sur le mariage entre des personnes de même sexe ? Au nom de la liberté et que sais-je encore ? … Toutes ces mutations ne semblent pas, à mon avis, interpeller les consciences des élites africaines, qui restent encore inertes face à tout ce qui touche le développement du continent ; alors même que l'Afrique a investi des sommes énormes d'argent pour assurer leurs formations dans l'espoir qu'elles feront le bonheur de leur peuple respectif.

Les élites africaines entre corruption et inaction

Le mal que la corruption fait à l'Afrique est incommensurable. Pour les spécialistes de la question, il n'y a plus de doute : la pauvreté qui refuse de libérer le continent de son joug est due grandement à la corruption. Le phénomène empêche le continent de profiter des nombreuses richesses dont la nature l'a doté. A tous les étages de la société sévit la corruption dans les pays africains. Son impact sur l'utilisation de l'aide internationale est de plus en plus souligné également, de même que le fait qu'elle éloigne les investisseurs en gangrenant l'environnement des affaires.

Toutes ces analyses sont plus ou moins pertinentes et s'appuient le plus souvent sur des cas avérés. Mais le fait que la corruption de l'élite discrédite tout le continent est plus préoccupant, et fait dire à certains afro-pessimistes que la corruption est inscrite dans les mœurs des pays africains.

En effet, le secteur de l'administration publique est très touché par la corruption qui affecte réellement le développement des pays, en créant une lenteur hors du commun dans l'étude et le traitement des dossiers.

Pendant longtemps, l'on a cru que cette lenteur était une attitude calculée des petits cadres et autres personnels subalternes pour amener les usagers à payer des pots-de-vin. Mais sur des affaires très importantes, voire des décisions dont dépendait l'intérêt des nations entières, l'attitude de l'élite (membres de gouvernement, hauts cadres, directeurs généraux d'offices et agences de d'Etat) n'a pas été différente de celle de petits fonctionnaires. Elle aura été purement et simplement pire, à en juger par les dégâts et autres conséquences désastreuses sur le développement et l'économie de leur pays. La littérature « anti-corruption » en Afrique regorge de nombreux cas de malversations orchestrées et entretenues par des cols blancs. Dès que leurs intérêts immédiats ne sont pas perçus dans les projets, ils mettent le coude sur des dossiers, faisant perdre souvent des opportunités de développement à tous.

Ainsi, en plus de saper la crédibilité des administrations publiques, la corruption envoie dans les poches des individus de grosses sommes d'argent qui devraient servir d'investissements bénéfiques pour tous les citoyens. Recettes fiscales et douanières, taxes municipales et autres sources d'entrée de fonds publics sont ainsi pillées allégrement. Le mal est d'autant plus profond que les hautes sphères des pouvoirs politiques n'encouragent guère l'élite intellectuelle à éviter la corruption. Sollicitée à prendre part aux affaires par le biais d'accointance politique, ethnique ou religieuse, l'élite intellectuelle subit la pression du clan, de l'ethnie ou du parti politique dont il doit entretenir les caisses avec les prébendes, bakchichs, ou autres passe-droit.

Pour échapper à la colère de hautes sphères, les cadres et autres dirigeants refusent de s'attaquer à des intérêts souvent puissants pour briser les chaînes de la corruption.

Ce sont les secteurs des richesses minières qui laissent s'écouler chaque année des milliers de dollars au détriment des populations victimes de famine, de maladies et d'analphabétisme. La manne pétrolière des pays ont enrichi plus les hommes du pouvoir et les acteurs étrangers mafieux, au grand dam du petit peuple. Les mines et autres minerais ont été livrés à des réseaux plus ou moins obscurs, avec à la clé, la confrontation d'intérêts antagonistes, débouchant sur des guerres civiles au cours desquelles les citoyens sont massacrés sans autres formes de procès.

Le problème de la corruption est que les slogans et autres engagements de lutte contre le fléau n'arrivent pas à ôter la tête à cette hydre, car c'est bien au sommet des systèmes que la plus grande corruption se loge.

Comment les élites corrompues pourraient-elles entraîner l'opinion dans la lutte contre la corruption, si elles-mêmes ne peuvent servir d'exemples ?

Le problème en Afrique actuellement est qu'il se compose, de plus en plus, une élite dont la richesse d'origine frauduleuse ou obscure n'échappe pas à l'opinion. Cette élite devenue modèle, transmet ses pratiques à une jeunesse en quête de repères. La pratique des pots-de-vin, répréhensible est devenue monnaie courante et les gros dossiers qui accablent les corrompus ne les empêchent guère de se poser en leaders.

Dans un contexte où la quête et la conquête du pouvoir passent désormais par la concurrence multipartite, la corruption a trouvé un terrain fertile pour servir la cause des partis politiques (sources d'approvisionnement des leaders en moyens financiers et d'achats des voix des électeurs) et des hommes politiques.

L'ONG Transparency International évalue à 25% du PIB africain les ressources « gaspillées du fait de la corruption », soit environ la somme de 150 milliards de dollars, pour la seule année 2002. La Banque Africaine de Développement (BAD), quant à elle indique que les Etats africains perdent environ 50% des recettes fiscales annuelles, et que la corruption est responsable de l'augmentation des prix dans l'ordre de 25%. Il s'agit des sommes qui sont détournées par et au profit des fonctionnaires à divers niveaux, d'hommes politiques ou autres élus, des représentants de multinationales opérant dans les BTP ou dans le plus obscur des secteurs : celui de l'armement.

Ce que la corruption révèle en Afrique c'est, paradoxalement, que les pouvoirs conférés à l'élite pour protéger les faibles soient tournés contre ces derniers. Ainsi, Transparency international a établi une hiérarchie dans laquelle, les corps habillés (police, gendarmerie, douanes, eaux et forêt…) sont les plus corrompus. Ces bras séculiers chargés de protéger et sécuriser les citoyens et l'espace, et veiller au recouvrement des ressources de l'Etat se sont transformés en ses fossoyeurs les plus acharnés.

Même le système judiciaire n'échappe pas à la corruption en Afrique, laissant au petit peuple le sentiment d'être trop « petit » pour mériter une vraie justice, c'est-à-dire une justice impartiale et équitable.

Le cas des services de santé n'est pas non plus ignoré : on explique d'ailleurs, en partie, la désaffection des femmes pour les centres de santé, notamment en zones rurales ou périurbaines par la corruption du personnel. Pour bien des observateurs, les systèmes de formation et d'éducation nationale ne sont pas épargnés. Des cas avérés d'achats de diplômes, de corruption systématique d'enseignants (par étudiants ou leurs parents) pour passer en année supérieure ont été signalés dans beaucoup de pays, et font croire que les générations qui vont passer aux affaires s'entraînent déjà à la perpétuation de la corruption.

Comment s'en sortir, si l'Afrique qui a été victime de l'esclavage, de la colonisation et du néocolonialisme, ne peut compter sur ses propres fils pour se rattraper ?

A la question de savoir s'il ne plaçait pas les pays africains en victimes et, de ce fait, oubliait la part de responsabilité des acteurs africains dans les difficultés actuelles du continent, Samir Amin oppose cette réponse :

« Ce sont les alliés subalternes dans le système mondial, donc ils ont autant de responsabilité que leur patron. Mais leur patron a autant de responsabilité qu'eux. Prenons une question banale, celle de la corruption parce que tout le monde parle de la corruption et c'est vrai une bonne partie des politiciens africains sont corrompus à l'extrême. Mais ceux qui les corrompent ne sont pas moins responsables. »[23]

Pour Anne-Cécile Robert, son jugement, dans le numéro spécial de la revue Manière de voir consacré à la place de l'Afrique dans le monde, et intitulé « Indispensable Afrique », est sans appel : « … au-delà des manœuvres occidentales, les élites locales se montrent elles-mêmes incapables de proposer une vision de l'intérêt commun. Internalisées, acquises à l'idéologie néolibérale, souvent déconnectées des préoccupations populaires, elles ne peuvent (ou ne veulent) pas utiliser les atouts de leurs pays pour tenter de changer les rapports de forces mondiaux ».[24]

C'est justement en cela que l'Afrique doit faire preuve d'autonomie dans ses prises de décision, pour ne pas se laisser tromper par ceux qui n'ont pas intérêt à la voir s'émanciper. Pour ces afro pessimistes, les Africains n'ont pas de pertinence dans leurs idées, ou bien le continent manque de compétences. Et les deux réflexions

23 Samir Amin, « Le système mondial est en grande partie responsable des échecs africains », *interview* accordée à RFI, recueillie par Christophe Champin, disponible sur le site du magazine *Jeune Afrique*.

24 Anne-Cécile Robert, « Un enjeu mondial », in *Manière de voir* N° 108 décembre 2009-janvier 2010, p. 4.

ci-dessus se rejoignent : si les corrupteurs du Nord manipulent les Africains, cela ne disculpe pas pour autant les Africains. Leurs responsabilités sont lourdes, dans le pillage et la prédation des richesses du continent.

L'Afrique et ses acteurs politiques n'ont pas le monopole de la corruption, même si les scandales ont souvent éclaté sur les affaires de corruption présumées des dirigeants et autres hauts fonctionnaires africains. La vérité est aussi, que le rapport de l'Afrique à l'Occident a suscité des occasions de corruption que le continent africain aurait pu éviter.

Des cas de connivences entre les pouvoirs autocratiques dénoncés officiellement en France et les gouvernements, partis politiques ou leaders français ne sont plus des rumeurs dont on chercherait la confirmation ou l'existence. On a parlé de « participations », de « dons » de sur tarifications de contrats avec rétrocession, de détournement de l'aide au développement, dont une bonne partie se retrouve dans les caisses des partis politiques français, toutes tendances confondues, ou dans les poches d'hommes politiques du Nord comme du Sud. Cet argent volé aux populations pauvres d'Afrique servait dans les campagnes électorales françaises. Au nombre des dernières rumeurs sur cette complicité dans la corruption et dans le vol, restent, bien logées, les révélations sur le soutien de Kadhafi à la campagne électorale d'un certain Nicolas Sarkozy quand il briguait la magistrature suprême de son pays, … la France !

De toutes les façons, on peut croire aujourd'hui que la longévité au pouvoir de bien des dictateurs était simplement la récompense du maître qui profite bien de l'argent volé en Afrique, ou détourné dans les projets et autres aides fournis par les Pays Occidentaux. Cet argent sale venu d'Afrique, ou ayant fait le détour par l'Afrique, finance les partis politiques en Europe. Les patrons et industriels européens (notamment français) se prêtent allègrement à ce jeu, pour maintenir des monopoles sur des activités et marchés, au détriment des entreprises africaines. Pendant ce temps, quand il s'agit de dénoncer la corruption, les saintes ni touche de l'Occident classent l'Afrique et ses dirigeants parmi les pays les plus corrompus de la planète, tout en continuant de profiter discrètement des trafics et autres retours de fonds mafieux. La leçon vient toujours de l'Occident qui aurait pu chercher à discipliner ses citoyens d'abord, à « balayer d'abord devant sa case », comme on le dit dans certaines langues africaines. Cette corruption a permis aux dirigeants africains de placer de grosses sommes d'argent dans les coffres forts des banques occidentales, sous prétexte de les sécuriser : ils favorisent volontairement la fuite des capitaux.

La fuite des capitaux

Je me pose toujours la question de savoir pourquoi les Africains participent à la fuite de leurs capitaux en direction de l'Occident ou des paradis fiscaux ? Si ces capitaux avaient été acquis en toute transparence, pourquoi ne pas les placer en Afrique, pour créer un secteur privé dynamique susceptible de favoriser des emprunts dans les banques locales à des taux bonifiés ?

Même acquis dans d'autres conditions, en dehors de toute transparence, ces capitaux auraient été plus utiles, s'ils étaient placés en Afrique. Il faut que les élites africaines comprennent que l'Occident ne leur retournera jamais l'argent placé dans ses banques, surtout si cet argent est mal acquis. C'est pourquoi, il devient nécessaire d'harmoniser les Constitutions africaines pour que les chefs d'Etat africains, libérés de la peur d'être condamnés, puissent placer ou « blanchir » (au sens d'investir, de placer) leur argent dans leurs pays (en Afrique même). Ainsi, à leur départ de la tête du pouvoir, l'inspection d'Etat étudiera la possibilité de leur permettre de bénéficier d'une proportion respectable (la moitié au moins) de leur argent et d'une condamnation avec sursis, si des malversations devraient leur être imputées dans le cadre de l'accumulation des avoirs incriminés. Car, il faut reconnaître avec Sanou Mbaye que «De surcroit les capitaux en fuite financent non seulement une part importante des déficits budgétaires de la France, mais ils constituent l'enveloppe financière qui sert à l'octroi de nouveaux prêts aux pays débiteurs »[25].

L'Occident ferme les yeux sur les pratiques frauduleuses de ses propres acteurs et propose, par son silence, aux hommes politiques et aux chefs d'Etat africains, des paradis fiscaux où l'argent volé sera en sécurité et ne profitera qu'à leur famille. C'est une bonne illusion, car l'argent placé ne servira purement et simplement qu'à l'Occident. Cet état de chose a été dénoncé depuis 1979 par Jean Ziegler quand, après plusieurs ouvrages[26] sur la prédation des richesses des pays pauvres et du continent africain en particulier, il livre une description sans fard des pratiques des banques suisses spécialisées en recel de « capitaux en fuite » : « Que devient le capital en fuite déposé en Suisse ? Il devient un compte de dépôt numéroté en francs suisse ou il se transforme en « comptes fiduciaires ». Ce sont des comptes en monnaies étrangères détenus par une banque suisse et qui servent à financer des opérations étrangères. L'argent en fuite transite donc – théoriquement – par la Suisse et est réinvesti à l'étranger où il sert en partie à financer des so-

25 Sanou Mbaye, *L'Afrique au secours de l'Afrique*, Paris, Ed. de l'Atelier, 2009, p. 209.

26 On peut citer ici, des ouvrages de Jean Ziegler :
La Contre-révolution en Afrique, Paris, Ed. Payot, 1963.
Le pouvoir africain, Paris, Seuil, 1979.
Main basse sur l'Afrique, Paris, Seuil, 1978.

ciétés multinationales ayant leur quartier général en Suisse. Pratiquement, il devient tout ce que l'on veut »[27]

Les dirigeants africains en sont-ils conscients ? Si oui, on comprend qu'ils contribuent eux-mêmes au pillage du continent, autrement dit, ils ne méritent pas de diriger nos Etats.

La fuite des capitaux est aussi l'œuvre et la manœuvre des grandes puissances qui refusent de reconnaître la liberté d'action aux peuples africains. A vrai dire, cette liberté d'action et de réflexion doit être arrachée par tous les moyens.

Les puissances étrangères investissent en Afrique et expatrient tous leurs bénéfices sans intention de réinvestir sur le continent, et pourtant, elles sont les premières à parler de bonne gouvernance et les premières à se soustraire à l'impôt des pays d'accueil. Ce faisant, elles développent la corruption dans les administrations publiques et privées en Afrique.

Les gros contrats de concession que ces firmes signent avec les dirigeants africains sur des exploitations agricoles, minières ou pétrolières, les exonérations d'impôts et de droits de douane dont bénéficient les multinationales ainsi que les bradages des actifs immobiliers et portefeuilles financiers à vil prix constituent également des fuites de capitaux qui nuisent à l'Afrique. En effet, il s'agit souvent de transactions qui se font dans des con-

27 Sanou Mbaye, op. cit. p. 209.

ditions peu transparentes, et ce, au détriment de porteurs de projets autochtones.

La voie utilisée par l'Occident pour traiter et solutionner les problèmes africains, constitue au mieux une preuve d'escroquerie constante exercée chez nous, au pire une volonté manifeste de garder les pays africains et leurs peuples sous une domination permanente. Ce faisant, l'Occident enlève à nos peuples toute possibilité de penser par eux-mêmes, toute voie de croissance et de développement endogène.

Ayant contraint nos pays à être adeptes de la doctrine libérale ou celle du laisser-faire, les puissances libérales ont permis aux entreprises étrangères de faire main basse, à des prix dérisoires, sur nos actifs publics les plus lucratifs (télécom, électricité, eau, banque, assurances, industries minières, etc.), par le biais de leurs programmes de privatisation des années 1990.

De tous les pays affectés par ces liquidations, les pays francophones ont été les plus détruits ; surtout que ce bradage a coïncidé à dessein avec la dévaluation du franc CFA de la moitié de son taux, ce qui veut dire que ces actifs ont été bradés à moins de 50% de leur valeur. Cette situation a permis aux acheteurs de réaliser de gros bénéfices expatriés sans aucun scrupule. C'est également cela, la fuite tranquille de capitaux. L'ampleur de l'hémorragie est assez inquiétante, et désormais, même des organismes internationaux défenseurs acharnés du libéralisme commencent à s'en émouvoir :

« La fuite des capitaux selon la Cnuced, représentait en 1970 presque 200.000 milliards de francs CFA, une vraie hémorragie qui équivalait presque le double de la dette africaine estimée en 2005 à 230 milliards de dollars. La Cnuced précise que le tiers des fonds qui s'évadent de l'Afrique, provient des détournements organisés sous le couvert de la légalité et des opérations de corruption »[28].

Le terreau de cette fuite organisée de capitaux est sans doute le remboursement des intérêts des emprunts et des dettes injustifiées, la part belle étant faite aux contrats juteux accordés aux multinationales de l'Occident, la détérioration des termes de l'échange toujours en faveur des pays du Nord, et l'appel du pied fait à nos dirigeants pour placer leur argent sale en Occident pour, soi-disant, le sécuriser.

Global Financial Integrity, un groupe de réflexion américain, estime que :

> « les flux financiers illicites sortant d'Afrique ont représenté au moins 29 milliards de dollars par an entre 1970 et 2008, tandis que l'aide extérieure à l'ensemble du continent ne se montait qu'à 18 milliards. Pire, avec la forte croissance économique des années 2001-2008 (5% à 7% par an), tirée par la hausse des matières premières, le mouvement a pris des proportions inédites : l'Afrique aurait perdu près de 54 milliards de dollars par an en moyenne durant cette période, et même 90 milliards en 2007 et 2008.

28 Jean Ziegler, *Une Suisse au-dessus de tout soupçon*, Paris, Seuil, 1979, pp. 66-67.

Le cumul de ces montants depuis 2001 représente deux fois la dette extérieure du continent »[29].

Les chiffres compilés ci-dessous sont des illustrations qui donnent le vertige.

Total des fuites de capitaux par régions et par groupe depuis 1970 (IFF- Illicite Financial Flows)[30]

Régions	Nombre de milliards de dollars par année				
	1970	1980	1990	2000-2008	1970-2008
Afrique	57,291	203,859	155,740	437,171	854,061
Afrique du Nord	19,161	72,020	59,813	78,742	229,737
Afrique sub-saharienne	38,267	131,839	95,927	358,429	624,324
Corne de l'Afrique	2,354	14,131	5,108	15,603	37,197
Grands lacs	6,925	16,079	4,978	10,285	38,130
Afrique australe	5,894	20,581	31,447	116,828	174,751
Afrique de l'Ouest et centrale	22,956	81,047	54,394	215,712	374,109
Producteurs de pétrole	20,105	67,685	48,157	218,970	354,917
Non producteurs de pétrole	7,867	26,517	22,375	23,342	80,102

29 Antoine de Ravignan, *Alternatives Economiques n° 294*, septembre 2010.
30 Source : *Les Afriques*, du 29-05-2010.

Alors que de réels problèmes de santé, d'éducation et d'infrastructures socio communautaires se posent sur le continent, de tels montants sont subtilisés, à travers des réseaux mafieux auxquels participent bien des dirigeants du continent. Il s'agit également de fonds détournés par des Africains et qui se retrouvent dans des banques de l'Occident. Ce dernier les cache, grâce à ses nombreuses lois sur le secret bancaire. En revanche, pendant ce même temps, pour trouver les moyens pour les investissements dans les secteurs sociaux et les infrastructures communautaires, les Etats Africains doivent encore solliciter d'hypothétiques emprunts des institutions internationales.

Il devient impératif de déclencher des actions concrètes contre la fuite des capitaux dont est victime l'Afrique. Les slogans et bonnes intentions seuls ne suffiront plus à faire changer la situation. En plus de la mise en confiance des dirigeants qui sont allés chercher des « planques » à leurs trésors de guerre, il importe de trouver de vrais moyens de traquer les capitaux pillés pour les faire revenir sur le continent.

Après toutes les formes d'exploitation dont le continent a souffert, l'Afrique est aussi victime de la fuite de ses cerveaux, qui restent servir l'Occident au détriment de leur propre pays.

La fuite des cerveaux

Sous prétexte d'absence de perspectives dans leurs pays d'origine, beaucoup de cadres formés à grands frais restent dans les pays d'accueil, avec des cartes de séjour de longue durée, à l'image des cartes vertes aux Etats Unis. En réalité, l'objectif de la carte verte est de vider les pays pauvres de leurs éminences grises.

Pour Afrique Renouveau, un magazine du Programme des Nations-Unies pour le Développement (PNUD) spécialisé sur l'Afrique, la fuite des cerveaux crée de véritables préjudices aux secteurs du développement en Afrique :

> « La fuite des cerveaux se produit, dit-on, lorsqu'un pays perd sa main d'œuvre qualifiée en raison de l'émigration. Le Programme des Nations Unies pour le développement (PNUD) note qu'en Afrique, l'élément le plus frappant est l'exil des médecins. Au moins 60 % des médecins formés au Ghana dans les années 80 ont quitté le pays »[31].

Cette désolation assortie d'un exemple concret le prouve à suffisance. L'Afrique est victime de cette sai-

31 Gumisai Mutume, « Inverser la fuite des cerveaux » africain », in *Afrique Renouveau*, Vol.17#2, (juillet 2003).

gnée qui la prive d'une bonne part des compétences dont elle a besoin pour son développement. Les origines du problème sont pourtant à chercher en remontant loin dans l'histoire.

Depuis la colonisation, il a été instauré la formation des Africains dans des universités et centres de formation spécialisés dans les métropoles, pour atteindre des niveaux d'études qui n'étaient pas accessibles dans les colonies ; des Africains se sont trouvés dans l'obligation d'aller chercher des connaissances complémentaires dans ces universités et ces centres. A l'heure des indépendances, les nouveaux Etats aussi ont éprouvé le besoin de compter sur des cadres supérieurs dans plusieurs domaines, alors qu'ils ne pouvaient s'offrir, sur place, les formations adéquates. De ce fait, la tradition a été maintenue d'envoyer des jeunes dans les universités du Nord.

Mais il est important de faire remarquer qu'avec le temps, des raisons sociopolitiques di verses ont fait que, dans bien des pays, malgré la disponibilité des structures de formation supérieure, certaines catégories de citoyens se sont vues contraintes, ou ont préféré aller faire leurs études à l'extérieur, notamment dans les universités occidentales toujours.

Pour bien des citoyens qui se sont retrouvés dans l'un ou l'autre des cas ci-dessus présentés, le but, a priori, n'était pas de s'exiler professionnellement. Il s'agissait d'aller conquérir le savoir et des compétences pour revenir les mettre à la disposition de leur pays. Mais les choses sont allées autrement depuis lors. On se souviendra des efforts déployés par certaines métropoles pour décourager le retour dans leur pays des élites intellectuelles qui sont de véritables compétences à ne laisser s'échapper sous aucun prétexte.

On ne saurait passer sous silence la crainte de l'inadéquation entre leur profil hautement spécialisé et le contexte professionnel (dans leur pays) qui a refroidi l'ardeur de ces exilés à faire le « retour triomphal ».

On pourrait ajouter le manque de moyens des nouveaux Etats, qui n'ont pas pu offrir à ces nouveaux diplômés les mêmes conditions de vie et de travail que celles qu'ils ont vues ou vécues dans les métropoles.

Et puis, il ne faudrait pas les ignorer, les problèmes du musellement de l'opinion n'ont-ils pas contraint bien des intellectuels et cadres hautement qualifiés de beaucoup de pays d'Afrique à préférer l'exil, pour avoir la vie sauve ?

Cet ensemble de raisons historiques et conjoncturelles rapidement évoquées ont existé, et certaines d'entre elles persistent encore, même si aujourd'hui, les causes largement reconnues sont liées aux rémunérations insuffisantes, et à la difficulté de trouver un environnement professionnel à la hauteur de leurs potentialités et de leurs compétences, si ce n'est carrément le chômage parce que les pays lésinent à recruter pour plusieurs raisons.

En effet, pour les universitaires et les chercheurs, les conditions de travail et d'existence continuent d'être peu enviables dans beaucoup de pays du continent africain, quand ils ont la chance d'être recrutés. Alors même que l'on reconnaît une envolée certaine de l'évolution de la masse des étudiants, donc des difficultés réelles dans le travail des enseignants de ce niveau, les Etats ne font pas pour autant l'effort de mettre à la disposition des structures, les moyens pouvant servir à faciliter la tâche à ces universitaires.

La colonisation, et à sa suite les nouveaux Etats eux-mêmes, n'avaient certainement pas conçu le projet d'organiser la rétention ou le maintien de ces cadres loin de leur pays d'origine, vu le mépris et le complexe de supériorité qui marquaient les relations à l'Afrique et aux Africains en ces temps.

C'est en cela que les raisons qui justifient la fuite des cerveaux aujourd'hui méritent d'être étudiées à fond, de façon diachronique et surtout de façon impartiale pour franchement, pouvoir confronter les problèmes des pays victimes du phénomène, à la légitime quête de bien-être et de confort (matériel et professionnel) qui sous-tend cet exode massif de la matière grise.

Mais le peu d'empressement de la communauté internationale à se pencher sur ce problème surprend plus d'un. Pires restent les efforts que déploient certaines puissances pour « ferrer » de nouveaux candidats à l'immigration en provenance des pays pauvres en général, ceux de l'Afrique en particulier. On se souviendra de la volonté de Nicolas Sarkozy de promouvoir une « immigration choisie ». Les nombreux programmes canadiens d'appel à l'endroit de professionnels hautement qualifiés en vue de leur installation au Canada attirent encore bien des jeunes cadres africains. Tout cela fonctionne comme un prétexte de plus, pour rendre l'Afrique dépendante.

Les élites africaines, formées à grands frais, en Occident ne veulent plus revenir, pour éclairer de leur savoir, ceux-là dont les impôts et autres sacrifices ont servi à payer les études. Pour bien d'entre eux, les raisons effectives évoquées dans l'entame de ce chapitre restent des prétextes choisis plus que subis : l'absence de bonnes conditions de travail, les violations des droits de l'homme, l'absence de démocratie, et que sais-je encore ?

On ne construit pourtant pas une démocratie de l'extérieur, encore moins de meilleures conditions de travail en se refusant à participer à la création de la richesse nationale.

Il faut revenir se battre sur le terrain pour créer et entretenir toutes ses valeurs.

L'Occident vieillissant, chapote et chante ces manquements à nos élites pour les garder et les exploiter. L'exode de nos cerveaux, désormais dit « immigration choisie » n'est pas du tout acceptable. Toutes ces têtes pensantes du continent (docteurs, ingénieurs, chercheurs scientifiques, informaticiens, mathématiciens...) dont le rôle et le devoir sont de développer le Continent subissent un lavage de cerveau pour rester et faire progresser l'Occident qui récupère gratuitement les bénéfices de longues années de formation financées sur les maigres ressources de nos Etats.

L'ampleur de la fuite des cerveaux est inquiétante, ne serait-ce que par les chiffres récents. Brigitte Perucca, pour le compte du quotidien français Le Monde en date du 28 septembre 2010, se posait la question suivante, à propos des diplômés africains : « Où sont les diplômés ? »

Et en guise de réponse, elle dresse le bilan ci-après, emprunté à Abdel Salam Marfouk de l'Université catholique de Louvain (Belgique) : « Répartition. 48,3 % des diplômés africains émigrés vivent en Europe, 31,8 % aux Etats-Unis, 12,4 % au Canada, 6,8 % en Australie. Un émigré africain sur cinq est diplômé de l'enseignement supérieur en Europe ; plus de deux sur trois aux Etats-Unis. « Densité. L'Afrique compte 169 chercheurs pour un million d'habitants contre 742 en Asie, 2728 dans l'Union européenne et 4654 en Amérique du Nord. 3 % de la population africaine est diplômée de l'enseignement supérieur. « Exil. Entre 1990 et 2000, la migration des diplômés de l'enseignement supérieur a augmenté de 123 % en Afrique de l'Ouest contre 53 % pour les non-qualifiés. »[32]

La réflexion sur la fuite des cerveaux et les solutions qu'on peut préconiser pour lutter contre le problème oblige parfois à l'envisager sous l'angle de la comparai-

32 Brigitte Perucca, « Des pistes pour contrer la fuite des cerveaux africains », in *Le Monde* du 28.09.2010.

son. Une comparaison à travers le temps, mais également une comparaison avec les autres formes d'émigration. En effet, les chiffres compilés ci-dessus sont révélateurs, et permettent de constater que le phénomène ne s'auto-corrige guère : une augmentation de 123% entre 1990 et 2000 ! (cf. supra), alors que celle de la migration des personnes non qualifiées reste de 53% sur la même période. On a ainsi la preuve que ce sont réellement les cerveaux qui sont arrachés au continent, pendant que l'Europe développe toutes les stratégies pour empêcher l'accès à ses terres aux moins diplômés. Les mêmes chiffres permettent de se faire une opinion, sur les déficits de l'Afrique dans les domaines concernés, par rapport aux autres parties du monde, alors même que les retards de l'Afrique dans les domaines scientifiques sont là, et attendent que des compétences se penchent sur elles pour aider les populations à enclencher leur développement. C'est là le paradoxe de la fuite des cerveaux : alors que l'Afrique a besoin de ces compétences, celles-ci ne veulent pas se rendre disponibles pour la construction du continent, et préfèrent servir sous d'autres latitudes. Face à cette situation, il importe d'en appeler à la conscience des uns et des autres. Les Africains qui construisent les autres continents devraient se souvenir de leurs arrières. Les dirigeants des Etats africains ont l'obligation de se pencher sur la question de la fuite des cerveaux, afin d'y apporter des solutions durables. Quant aux promoteurs de « l'immigration choisie », ils devraient faire évoluer leur entendement.

Il y a 50 ans, les pays asiatiques avaient le même niveau de développement que nous, mais alors leurs cadres formés en Occident se sont faits un devoir de retourner développer, avec un sens patriotique inégalé, leur pays. Le résultat est là clair et palpable : ces pays font partie de grandes économies du monde aujourd'hui, et leur système éducatif inculque aux apprenants une obligation de retour au pays pour le servir et d'inventer son propre développement, c'est-à-dire en tenant compte de son environnement économique et social pour apporter des solutions inventives aux préoccupations de ces peuples. Quel que soit l'attrait de l'Occident, l'Asiatique préfère rentrer chez lui d'abord, et c'est cet esprit qui manque à l'Africain et qui fait notre retard.

En Afrique le quatrième pouvoir joue très peu son rôle ; ce qui fait que nos médias diffusent toujours des informations qui ne sont pas de nature à stimuler l'ambition et la créativité du citoyen ; mais aussi qui ne sont pas de nature à encourager le retour des cerveaux au bercail.

L'Afrique malade de ses médias

Les informations et les images qui sont diffusées sur l'Afrique sont des productions de médias étrangers, à large spectre de couverture. Dotés de gros moyens financiers et matériels, ces médias mobilisent une armada de correspondants locaux qui fournissent, à leur manière, leurs maisons mères en reportages et autres genres de productions sur l'Afrique.

Ces productions répandent avant tout, malheureusement, une image négative du continent : les républiques bananières, les pandémies diverses (Sida, Ebola, paludisme…) et autres catastrophes naturelles ou provoquées par les hommes de bonnes et intelligibles intentions (guerres et génocides…), la pauvreté et la misère des hommes et des femmes et surtout des enfants dont les silhouettes décharnées sont devenues les mascottes d'une Afrique qui refuse de sortir de sa situation.

Avec des images et autres productions négativistes, les médias du Nord inoculent dans la conscience et le subconscient des auditeurs et téléspectateurs des a priori et des fausses certitudes sur l'Afrique.

Certaines de ces images ne sont, hélas, pas pour autant menteuses, mais elles ne sauraient être les seules pour identifier la vie de tous les peuples du continent, vu qu'elles conduisent à une généralisation hâtive. Car « l'Afrique bouge », comme l'a fait constater Jean Ping à l'occasion du premier forum international sur « Média et développement », tenu à Ouagadougou, au Burkina Faso en septembre 2008 :

« Les images diffusées (sur l'Afrique) par les médias du Nord renforcent le pessimisme en Afrique, découragent les investisseurs. Or l'Afrique bouge, peut-être pas assez, mais elle bouge tout de même »[33].

Ce que dénonce Jean Ping est cette sorte de choix délibéré, de parti pris de ces médias qui opèrent pour réduire la réalité et les évènements du continent à quelques clichés vieux de plusieurs décennies, qui voient toute la misère de la terre sur le continent noir. Du coup, ces spécialistes autoproclamés de l'Afrique, à la manière Stephen Smith, clament quotidiennement qu'en Afrique, « ça va mal, très mal ». Et de poursuivre : « L'Afrique agonise, quoiqu'en disent, une fois l'an, au creux de l'actualité, les optimistes forcenés des dossiers spéciaux sur « l'Afrique qui bouge ». Oui, heureusement, le cadavre bouge encore »[34]. C'est l'idée quasi obsessive que ce correspondant, pendant de longues années du journal français Le Monde a voulu démontrer dans son livre d'un pessimisme légendaire : *Négrologie. Pourquoi l'Afrique se meurt*, publié en 2003.

33 Jean Ping, ancien Président de la Commission de l'Union Africaine, à l'ouverture du forum sus cité.

34 Stephen Smith, *Négrologie. Pourquoi l'Afrique se meurt*, Paris, Calmann-Lévy, 2003, p. 13.

Ce choix semble délibéré de ne rien voir d'autre que la misère sur le continent. Tout, pour ces afro-pessimistes, est mis en œuvre pour ne voir que la famine, l'ignorance, les pandémies diverses, la dictature, la corruption, les morts... Cette façon de présenter l'Afrique a certainement un dessein caché : décourager les intentions d'investissements et autres volontés de se tourner vers l'Afrique pour le business. Le résultat de cette vision de l'Afrique est une sorte d'appel aux ONG et autres groupes pseudo philanthropes, pour venir au secours de ce continent « en dérive »

Dans cette optique, des secteurs entiers qui marchent et offrent de bonnes perspectives sont passés sous silence. Qu'ils relèvent des activités de l'administration publique ou des innovations d'autres acteurs (ONG, entreprises du secteur privé...), ces secteurs et leurs activités qui jurent avec le pessimisme de ces faiseurs d'opinion sont frappés d'ostracisme. Toutes ces personnes qui refusent la fatalité et poussent leurs espoirs dans les PMI et PME du continent n'attirent guère le regard, le micro ou la caméra de ces « chasseurs de malheurs ».

En face d'un tel refus conscient d'ouvrir les yeux pour voir ce qui réussit, les médias du continent auraient pu constituer une alternative. Mais la transmission des pratiques, des méthodes et des thématiques éculées est également passée par là.

Malgré leur proximité avec les réalités positives du continent, bien de ces médias préfèrent braquer leur projecteur également sur les aspects peu reluisants de la vie africaine, apportant, de ce fait même, de l'eau au moulin de tous les afro-pessimistes et de leurs affidés.

Les médias du continent qui devraient aider à corriger ces tendances négatives deviennent eux-mêmes des pourvoyeurs en stéréotypes négatifs, pour alimenter ceux qui veulent rendre compte des réalités qu'ils ne comprennent pas.

Ce déficit des médias du continent procède de deux autres raisons fondamentales, en plus de la transmission des méthodes, des pratiques et des thématiques.

Il y a d'abord que les problèmes réels de manque de moyens pour concurrencer une presse internationale aux puissants moyens matériels, techniques et financiers. Dans ce combat du pot de fer contre le pot de terre, les médias du continent abdiquent faute de moyens techniques et financiers.

Ensuite, il y a la raison particulièrement dommageable du refus de l'effort et de l'innovation qui caractérise un certain nombre de journalistes du continent. Ce refus de l'effort et de l'innovation cantonne les hommes des médias sur des productions (enquête, reportages et documentaires) banalement quotidiennes.

Ces aspects du travail des médias pénalisent doublement le continent africain. Ils pénalisent d'abord les médias eux-mêmes, qui se laissent dédaigner au profit des grands médias de l'Occident et du Moyen Orient. Ceux-ci déversent des images peu contrôlées sur les populations qui s'abreuvent ainsi, à des sources peu réalistes. Ils pénalisent également le continent qui n'a d'images que celles que vendent ces médias aux regards biaisés.

C'est un fait que ces genres de production, toujours critiques à l'encontre des cultures et des pratiques traditionnelles ou coutumières, rendent les Africains eux-mêmes finalement sceptiques envers leurs modes de vie et leur personnalité, au lieu de cultiver la fierté et le sentiment de grande confiance en soi. Un tel regard sur soi-même ne peut produire ni développement personnel, ni attrait et engagement dans des actions pertinentes de développement local.

L'Afrique attend beaucoup de ces médias, publics et privés, pour corriger cette image et aider à construire un profil de l'Afrique et de l'Africain qui peut aussi prétendre à une sérieuse option de développement.

Les médias africains semblent incapables de défendre l'Afrique et de lui inculquer des idées nouvelles de développement, en tenant compte de son propre environnement. Le moindre événement malheureux est amplifié par les médias occidentaux qui ne laissent à l'Afrique aucune chance de défendre ses propres points de vue. Les entorses aux libertés et aux droits de l'homme en Afrique sont largement, longuement et tendancieusement commentés par une radio comme RFI. Les Africains eux-mêmes préfèrent s'abreuver à ces sources : leur temps d'écoute de ces médias est plus long que le temps d'écoute des radios locales. Certains, principalement les élites, écoutent dans leur bureau, vingt-quatre sur vingt-quatre RFI. De ce fait, certaines des informations locales leurs sont distillées par cette radio au détriment des radios nationales. Un malaise s'est installé, en Afrique, sur la question des médias.

Ce malaise vient principalement de la qualité de la formation des journalistes, de la mauvaise volonté politique des dirigeants qui restent partiaux quant à la liberté de l'information, de l'interférence permanente de l'Occident dans nos choix politiques.

Mais il y a aussi l'intérêt que l'on porte à la qualité du journalisme qui devient alimentaire. Parce que sous payé, et parce que son travail ne lui permet pas de vivre, le journaliste marchande sa plume contre toutes les opportunités de gagner de l'argent frais.

L'absence de soutien matériel aux journalistes africains rend précaire la fonction. Elle ôte à ces derniers toute l'agressivité et la combativité qui devraient les hisser à la hauteur des journalistes occidentaux, bien qu'ils aient suivi la même ou les mêmes formations en Europe comme en Afrique.

Le soutien des dirigeants africains aux journalistes n'intervient que lorsque leurs louanges sont chantées dans les journaux ou sur les ondes. Un citoyen a fait remarquer qu'en Afrique, lorsque des attroupements se produisent autour des kiosques à journaux, c'est tout simplement que des journaux à sensation ont trouvé un de leurs événements de prédilection.

La recherche de la bonne information ne mobilise pas encore le petit peuple africain, comme si tout ce qui est vrai et juste l'agace. En réalité, ce qui est vrai n'attire pas la foule des lecteurs des villes africaines. La grande majorité des lecteurs n'ont ni le niveau, ni les moyens de se livrer à une analyse personnelle des informations journalistiques. Pour vendre leurs journaux, les rédactions pensent qu'il faut intoxiquer, qu'il faut faire des articles à sensation. Cela se fait au détriment de vrais écrits de formation et d'information.

La contribution des journalistes à l'éveil des consciences, à la formation et à l'information réelle reste mitigée ; cela du fait d'un manque de formation de base, professionnelle et ouverte, voire spécialisée, susceptible de les rendre aptes à aborder tous les domaines de la vie et d'y produire une pertinente et objective information. Des domaines comme l'économie, l'architecture, les BTP, l'agriculture, l'élevage ou la pêche, bien qu'importants pour le développement de nos pays ne sont que rarement et superficiellement traités par les journalistes. Cette situation laisse le champ libre, à tous les manipulateurs, pour abreuver abondamment les populations de fausses informations liées à leurs intentions de corrupteurs ou de colonialistes nostalgiques.

En effet, l'école étrangère est la racine principale du mal africain. Eduquer un enfant, c'est lui faire acquérir des connaissances et des usages de son environnement culturel. Ainsi le programme éducatif doit être basé sur la connaissance de sa société d'abord avant celle des autres.

L'Afrique victime de son système éducatif

L'Afrique noire a hérité du système colonial, un modèle éducatif conçu pour les intérêts du colonisateur dont les fondamentaux ont très peu varié depuis les indépendances. Ainsi, cinquante ans après, ce modèle ne secrète que chômage et sous-emploi. Les jeunes ne croient pas en leurs propres valeurs endogènes et sont en déphasage avec leur milieu et ses besoins. L'urgence de décoloniser le système éducatif des pays africains est une des meilleures garanties de la libération du génie africain.

Il est temps que les élites et intellectuels africains pensent à un système éducatif qui assure le progrès et le développement du continent. On doit désormais s'assurer qu'au sortir des universités, les jeunes puissent se prendre en charge par eux-mêmes. Une incitation des étudiants et autres apprenants à observer autour d'eux pour capter les nombreux signaux, indices et défis que la vie lance quotidiennement aux populations sera le gage d'une école orientée vers le progrès et la satisfaction des besoins du peuple.

Dans des structures publiques ou privées, cela devrait désormais être pensé comme base d'orientation des politiques nationales, même si le système éducatif continue de fonctionner en français ou en anglais majoritairement, et de peur de substituer une domination par une autre, l'enseignement en langues nationales s'impose, tout comme l'enseignement de l'anglais comme deuxième langue, favorisera une bonne intégration africaine dans les vingt prochaines années. Une des retombées d'une telle démarche serait la conception d'une école réellement africaine, ouverte sur le monde extérieur et plus proche des pratiques traditionnelles d'initiation-apprentissage qui, de façon fonctionnelle, orienterait les jeunes en âge d'apprentissage vers des métiers intégrés et correspondant aux besoins des populations dans un environnement socio-économique précis.

Que l'on s'imagine un peu, que des Africains imbus de ces considérations, les intègrent à leurs capacités d'acquérir, dans les domaines du savoir moderne promus par l'Occident, des méthodes, des techniques et des outils qu'ils adaptent à leur terroir. Les formations acquises en viendront à correspondre réellement aux besoins du développement du continent. Cela pourrait offrir une voie concrète pour en finir avec la suprématie de conseillers et autres experts qui produisent des plans de développement, ou conçoivent des projets pour des pays africains, enfermés dans leurs bureaux de Washington ou de Paris, sans maîtriser le minimum nécessaire de la vie et des besoins réels des peuples bénéficiaires. Les pertes de gains et autre évaporation d'argent que constituent les éléphants blancs deviendraient, par la même occasion, réduites.

Il s'agira, concrètement, de créer chez l'enfant africain, l'esprit de curiosité et d'invention, seul susceptible de propulser le développement à partir de ce que nous sommes.

Au lieu de favoriser la circulation d'idées endogènes contenues dans des ouvrages de ses concitoyens ou des auteurs du continent, l'Africain continue de se repaître d'ouvrages produits au Nord, contenant bien des *a priori* sur les Africains, leurs cultures, leurs hommes politiques...

L'homme politique africain, loin d'encourager la lecture des ouvrages écrits par des Africains dans un environnement africain, préfère accepter des emprunts conditionnels pour acheter d'abord les ouvrages faits au Nord.

Parler à l'enfant africain d'une case, d'un champ ou d'un paysage rocailleux africain n'est-il pas beaucoup plus culturel et formateur pour lui que de lui parler du métro, de la neige et de la vie des peuples qui eux ne se formalisent pas pour autant pour connaître si c'est le même soleil qui se lève chez eux en Occident qu'en Afrique. Une anecdote sur la fierté des Belges pour leur chocolat circule dans certains milieux : un jeune Africain surpris par l'enthousiasme d'un homologue belge, lui demanda s'il connaissait la matière première entrant dans la fabrication de ses délicieuses plaquettes. Il fut surpris de constater que son vis-à-vis n'en savait cure. On comprend alors que ce n'est pas le souci de l'Occident de promouvoir les savoirs sur l'Afrique. Les Africains devraient simplement se souvenir, que l'Afrique elle-même, est appelée à se valoriser, en transmettant des valeurs qui la fondent aux générations de ses descendants à travers les années.

Le système éducatif orienté vers le développement doit se fonder sur les possibilités d'invention de l'enfant, qu'il faut, par tous les moyens, encourager.

En 1974, au Niger, sous le régime d'exception, deux jeunes professeurs de Collège d'Enseignement Général (C.E.G.), l'un mathématicien, et l'autre physicien, ont décidé de fabriquer, à Zinder, un moteur d'avion. De quelles railleries et moqueries n'ont-ils pas été l'objet, de tous côtés, l'Etat en tête.

De tels bricolages sont ceux qui façonnent l'esprit inventif. Si ces professeurs avaient été encouragés par l'Etat ou par le secteur privé, peut-être qu'ils auraient fait un pas dans l'invention, et les générations suivantes auraient fini le projet. Tous les grands savants du monde ont été à la base de diverses inventions mais, les applications ont été souvent le fait, des générations futures, bien plus tard.

Le soutien de l'Etat est indispensable dans tous les domaines de la vie, si on veut un développement endogène de nos sociétés. Ce soutien doit provenir des dirigeants africains qui, malheureusement sont préoccupés de s'enrichir personnellement que d'enrichir le continent.

L'Afrique malade de ses dirigeants

L'Afrique toute entière se caractérise par une insuffisance de créativité intellectuelle et un manque d'audace pour changer le cours de son histoire. Convaincue qu'il n'existe pas de développement sans révolution industrielle, l'élite intellectuelle africaine devrait chercher à comprendre et à maîtriser ce qui nous empêche de penser à une telle créativité.

Notre continent est, et reste une source de matières premières, au point de susciter un titre d'une rare métaphore au magazine Africain Business, dans sa 21e livraison, en mars 2012 : « L'Afrique sur un trésor ». Mais, l'Afrique reste aussi un vaste marché des produits manufacturés made in Europe. Cela doit cesser, et pour ce faire, il nous faut des dirigeants conscients du danger et des risques à prendre pour y parvenir.

Les dirigeants actuels, bien ou mal élus, ont le même comportement par rapport à l'accumulation des biens mal acquis. Quel honneur aura un dirigeant, si les trois quarts des populations de son pays vivent dans la misère, et que seul son entourage vit dans l'opulence ? Les fondements de l'Etat de droit sont toujours bafoués, au mépris des principes de base qui guident la démocratie. Les leaders politiques n'ont pas intégré dans leur subconscient le concept de gestion des intérêts collectifs.

« Le jeu politique, dénoncera Robert Dussey, est fondé sur des considérations ethniques. Les décisions prises ne reflètent en rien les aspirations du peuple, mais sont fondées sur des intérêts des groupes ethniques déguisés en partis politiques. La mentalité ethnocentrique, voire tribale et clanique, limite cette gestion dans le temps et dans l'espace. »[35]

Nos hommes politiques dirigent, comme s'ils n'ont pas envie de rentrer dans l'histoire. Les missions de servir le peuple ne sont pas garanties, tout comme les libertés fondamentales et les droits de l'homme sans lesquels il n'y a pas d'Etat de droit démocratique. Il est vrai que le chemin de la démocratie est long et même périlleux, mais c'est le prix à payer. Pourtant, d'autres l'ont réussi pourquoi pas nous. Chaque fois, par rapport aux autres, l'Afrique montre des signes de faiblesse, et même de manque d'estime de soi, ce qui fait qu'elle prend toujours le départ en perdant. L'universitaire togolais inscrit la construction de la démocratie dans une entreprise qui réussit avec la responsabilisation des différents acteurs, à tous les niveaux de la vie sociale. Il conçoit que :

> « L'Etat moderne et démocratique dont a besoin l'Afrique aujourd'hui doit être entendu comme une entreprise d'intérêt général chargé par la loi de satisfaire les aspirations à l'indépendance, à la paix, à l'essor économique, à la prospérité des peuples. Cela suppose que les peuples d'Afrique se responsabilisent dans la conduite des affaires du continent, voire

35 Robert Dussey, *L'Afrique malade de ses hommes politiques*, Paris, Editions Jean Picollec, 2008.

du monde. Les Africains doivent donc s'approprier les instruments économiques et politiques indispensables à leur souveraineté effective et à la maîtrise de leur destin. »[36]

Mais au lieu de ce que suggère le philosophe, les dirigeants africains naviguent tous, dans la « mauvaise gouvernance », concept et prétexte né, comme toujours, de l'Occident pour réduire l'aide au développement de l'Afrique, si elle ne remplit pas les conditions qui sont (même en Europe) difficiles à remplir. La mauvaise gestion des biens publics par les dirigeants africains témoigne de la mauvaise gouvernance qui s'empare de nos leaders. La corruption, le détournement des biens publics, l'injustice, constituent le terreau de la mauvaise gouvernance africaine.

En effet, des dirigeants africains ayant détourné de l'argent du peuple, se croient en sécurité, en le plaçant dans des banques étrangères, d'où malheureusement cet argent ne revient jamais. L'Occident se sert de cet argent placé dans ces banques pour nous endetter et nous appauvrir. Pourquoi, ne peuvent-ils pas placer cet argent mal acquis dans nos banques pour favoriser l'émergence d'un secteur privé dynamique, source de croissance. Ils pourraient bénéficier, en ce moment, des circonstances atténuantes, en cas de jugement.

Il existe toute une série d'études et réflexions sur les efforts que les banques des puissances occidentales déploient, pour capter et finalement confisquer les fonds détournés et déposés par les dirigeants des pays africains.

36 Robert Dussey, op. cit., p. 249.

Les cas les plus retentissants de ces dernières années ont été ceux de l'ex-président du Nigéria, Sani Abacha, et de Mobutu Sese Seko, ex-Président de la République Démocratique du Congo. Les sommes que ces deux ex-dictateurs ont transférées dans les seules banques suisses serviraient à pourvoir leur pays respectif en infrastructures et autres services sociaux de base nécessaires au bien-être de leurs populations pendant une décennie. Ce sont des sommes importantes qui défient la mondialisation. Mais les faits laissent peu de chance aux Etats de pouvoir les rapatrier. Elles sont, non seulement hypothéquées, mais surtout, comble d'injustice et d'une escroquerie flagrante, elles sont aussi fructifiées au profit de ces banques occidentales. Le système capitaliste mondial ne se plaint pas pour autant de ces cas, mais il se fait regardant, quand il s'agit de faire pression sur les Etats pour leur faire abandonner leurs prérogatives de protection des citoyens faibles.

Aujourd'hui, nos dirigeants doivent être plus attentifs, car l'argent placé en Europe n'est plus caché sous le couvert du secret bancaire, sinon les patrimoines de certains hommes politiques congolais, gabonais et autres ne seraient pas étalés sur toutes les places publiques du monde. A y bien réfléchir, il faut planquer son magot chez soi. Quelles que soient les conséquences, elles seront moins fâcheuses. L'argent détourné par nos dirigeants politiques et placé hors du continent aurait pu servir à faire démarrer certains projets intégrateurs comme le NEPAD.

Pour les investissements : le NEPAD et consorts

Quand, dans les années 1960, la majorité des Etats africains rompaient les liens coloniaux, tous les espoirs étaient permis. Les nouveaux pays allaient pouvoir se développer, pensait-on, avec les investissements des bénéfices de l'exploitation de nombreuses richesses.

On partait, cependant, avec un handicap réel. Les conditions matérielles de ce projet étaient presque toutes réunies, certes, mais les approches stratégiques péchaient par une lecture biaisée de la géopolitique internationale. Du moins, ceux qui en avaient la meilleure lecture étaient tenus loin du pouvoir, ou, s'ils ont une partie du pouvoir, ont été combattus, éjectés ou purement et simplement éliminés physiquement. L'éviction de Kwame Nkrumah, l'assassinat de Patrice Lumumba et de Sylvanus Olympio restent encore dans les mémoires.

René Dumont fut un des rares auteurs à mettre en doute les approches de développement mises en œuvre en Afrique, avec les indépendances. Militant anti colonialiste et écologiste, il douta ouvertement de la stratégie de développement promue par les gouvernements indépendants : L'Afrique noire est mal partie fut un livre que beaucoup trouvèrent injurieux pour le continent dès les années 60.

En 1980, l'auteur récidive avec L'Afrique étranglée, pour montrer que les ressources étaient peu utilisées pour faire décoller le continent, et que les pays s'enlisaient dans une misère de plus en plus implacable. L'Afrique vivait un véritable échec de ses projets de développement. Cela a interpellé les chefs d'Etats du continent. En 1980, dans le cadre de l'Organisation de l'Unité Africaine (OUA), des dirigeants du continent ont conçu le plan de Lagos qui vise un développement endogène et une industrialisation de l'Afrique. Mais ce plan ne fut jamais appliqué, parce qu'il ne faisait pas la place prépondérante aux institutions financières internationales. Ces dernières ne l'ont ni soutenu, ni encouragé ; elles ont même préféré le « tuer » avec les Programmes d'Ajustement Structurel qu'elles ont imposés aux pays en crise. Contrairement au plan de Lagos, les institutions de Bretton Woods encouragent le recours aux financements extérieurs au détriment des sollicitations endogènes dont le plan de Lagos faisait son cheval de bataille.

Toujours en quête de voies endogènes de développement, des chefs d'Etats africains ont encore conçu un autre plan en 1990. Cette fois-ci, Thabo Mbeki (de l'Afrique du Sud), Olusegun Obasandjo (du Nigéria), et Adbelaziz Bouteflika (de l'Algérie), fondant leurs réflexions sur la nécessité de la renaissance africaine, ont lancé le Millenium African Plan. Ils voulaient que le développement du continent s'accompagne d'un projet de désaliénation, en s'appuyant sur les valeurs culturelles africaines. Plus tard, le président Wade du Sénégal proposa son plan Oméga, visant à créer un marché commun africain, et à l'adapter à la libéralisation des économies du monde. Ce sont ces trois plans qui seront fusionnés pour donner le NEPAD en 2001. Le Nouveau Partenariat pour le Développement de l'Afrique affiche comme objectif de proposer à l'Afrique une démarche d'investissement de capitaux privés afin d'intégrer le marché mondial, et de créer une économie africaine moderne, pouvant enclencher le processus de la croissance économique. Fondant le plan sur dix priorités, les concepteurs y ont inclus la bonne gouvernance, la réalisation d'infrastructures, le développement humain, l'accès au marché.

Le plan a été bien accueilli par tous, Africains, partenaires et autres bailleurs. Cependant, son financement tarde à être rapide et concret.

Aujourd'hui, il est impératif de trouver des moyens d'un financement endogène du NEPAD. Il est également nécessaire de faire une vulgarisation réelle de ce plan afin que les populations soient bien informées sur ses objectifs, son contenu et ce qu'elles peuvent en tirer concrètement. C'est le lieu de rappeler que ce plan prévoit la construction d'infrastructures susceptibles de renforcer et d'accélérer l'intégration africaine : gazoduc de l'Afrique de l'Ouest entre l'Algérie et le Nigéria, autoroute transsaharienne entre Dakar et N'djamena, interconnexion des chemins de fer du Bénin, du Niger, du Burkina Faso et du Togo (projet baptisé Geftarail), réhabilitation de la raffinerie de Mombassa (Kenya) etc.

Pour que le rêve du NEPAD soit partagé par les peuples et pour que ceux-ci y adhérent massivement, ces investissements doivent être mobilisés tôt, et les projets réalisés visibles et profitables aux populations.

Pour l'heure, le NEPAD peine à trouver les 64 milliards de dollars d'investissements annuels prévus par ses concepteurs, et qui devraient permettre à l'Afrique d'envisager une croissance de 7% à l'horizon 2015.

Pour que les Africains soient mobilisés à la réussite de ce plan, pourquoi ne pas convenir d'une taxe NEPAD sur certaines transactions, ou d'un impôt NEPAD ? Ce sont autant de pistes à explorer. Pour aider à faire décoller de tels projets, il est important de mobiliser nos ressources humaines des centres urbains comme des campagnes.

Reconstruire les campagnes

L'Afrique est essentiellement rurale. Mais le phénomène récent de l'urbanisation de l'espace devient de plus en plus remarquable. Les villes comme Abidjan et Lagos ont vu leur population se multiplier par six en moins de cinquante ans.

Dans bien des pays, 80 à 90% des citadins sont concentrés dans les seules capitales. Il y a donc une arrivée massive et continue des populations dans les villes. A ce rythme, l'exode rural dépeuple les campagnes et autres villages où les populations sont censées travailler à produire les vivres dont ont besoin les nombreuses populations des villes. Seuls les plus vieux n'osent pas le départ.

Les terres ainsi abandonnées ne servent plus à Produire, pour aller vendre les récoltes en ville. Même les cultures vivrières locales (l'agriculture de subsistance) accusent de sérieux coups.

Et pourtant, ce qui attire les ruraux vers les centres urbains n'est plus autant garanti. L'emploi (les petits métiers) et l'augmentation de revenus ne sont plus sûrs en ville. La délinquance récupère une bonne partie de ces espoirs. La concentration urbaine est un fléau universel qui accompagne le développement économique. En

Europe comme en Amérique du Nord, la même évolution s'est produite. Le Japon, le Mexique, l'Inde n'y ont pas échappé. La ville offre de nombreuses opportunités : la circulation de l'argent facile, les échanges, la création de métiers personnels et innovants…

Un marché, extensible sans fin, semble se profiler pour les appétits des nouveaux venus. Tous les rêves sont permis, entretenus par les illusions. Pour les jeunes Africains des campagnes appauvries et sans espoir, la ville devient le dernier recours.

Mais les difficultés économiques des pays n'épargnent pas les espaces urbains. Ces fléaux que secrètent les villes elles-mêmes y ont pris racine : la violence, l'absence de solidarité, la détresse sont les compagnes de la désillusion que la ville inflige aux jeunes ruraux. Des statistiques estiment que plus du quart de la population des villes africaines vivent dans la pauvreté et le dénuement absolus.

Malgré ces affres de la vie citadine, les jeunes des campagnes africaines continuent d'y affluer, attirés par le mirage des opportunités en demi-teinte.

L'on croit pourtant que le niveau d'urbanisation de l'Afrique n'a encore rien d'inquiétant. Mais on oublie qu'elle a dépeuplé la campagne et change de statut aux populations de cette dernière. Espace d'équilibre alimentaire par excellence il y a peu, la campagne doit attendre désormais qu'on lui envoie à manger de la ville. Les hypothétiques vivres importés, que les citadins ont du mal à se procurer doivent être désormais partagés avec des parents restés à la campagne, attendant dans l'inquiétude.

Contrairement à ce que les géographes et autres spécialistes des villes conçoivent, l'urbanisation de l'Afrique ne semble pas accélérer le développement des pays. En Afrique, l'urbanisation installe des villages « urbains » dans les périphéries des villes. Ghettos, banlieues poisseuses et gangrenées par une plèbe de tous genres, encerclent les villes africaines. Les insécurités de toutes sortes rythment la vie dans ces espaces glauques, « mi-villages mi-villes ». Manquant des commodités qui font la ville, les habitants de ces banlieues sont tenus aux portes des villes, suspectés de tous les crimes, accablés de tous les maux : maladies, mauvais logements, chômage, insécurité...

Si l'urbanisation rapide ne profite ni aux peuples ni aux Etats, il faut donc reconsidérer les campagnes comme lieux de vie et d'épanouissement par excellence. Donner les possibilités aux populations de continuer de vivre en campagne peut être une chance pour l'Afrique qui veut maîtriser les paramètres de son développement. Il faut reconnaître que le développement de l'Afrique, pour qu'il soit complet (avec une croissance économique partagée et un bien-être social et matériel inclusif), doit compter avec l'accroissement de la production agricole.

L'espace rural est, par essence, le centre de l'activité agricole. Déjà du temps de l'exploitation coloniale, les populations de ces espaces ont été mises à la tâche, de façon coercitive et violente, pour produire de la matière première pour l'industrie métropolitaine.

Si les Etats encouragent un entreprenariat agricole local, avec la possibilité pour des jeunes diplômés ou formés à cet effet de s'y investir, les villages reprendront vie. La main d'œuvre disponible pourrait être mise à contribution pour mettre en valeur toutes ces terres laissées en friche que les multinationales convoitent en Afrique actuellement. Il faut éviter sous prétexte de pauvreté de vendre nos terres à des multinationales étrangères, au grand risque de devenir des étrangers sur les terres de nos ancêtres. N'étant pas des enfants de cœur, ces acquéreurs potentiels, n'auront plus besoin de nous à un moment. Ils n'auront qu'à nous chasser hors des terres devenues leurs propriétés. Nos états devront prendre toutes les dispositions pour bien réglementer la gestion foncière en Afrique.

La ville ayant perdu sa vocation économique de développement en Afrique, une urbanisation accélérée risque de produire encore plus de misère et d'exclusion. En revanche, reconstruire des campagnes d'espoir et de vie réelle reste une opportunité.

Il ne s'agira pas, à coup de slogans, de demander aux citadins de retourner à la campagne : le fameux « Retour à la terre » a fait long feu. Le nouveau mot d'ordre pourrait être de maintenir aux sources des jeunes et personnes des villages, et des demandeurs d'emploi potentiels, leur permettre de pouvoir trouver à faire dans des entreprises agricoles florissantes, ou de continuer leurs activités de production dans les milieux ruraux en y gagnant réellement leur vie. L'Etat doit aussi favoriser et encourager, ce retour à la terre par la création de bonnes conditions, tout comme des banques régionales de crédit agricoles spécialisées uniquement dans les prêts pour l'agriculture avec pour seule garantie le foncier du demandeur ou une co-garantie d'un parent disposant des titres fonciers sur ses terres.

C'est en cela que l'initiative 3N (Les Nigériens nourrissent les Nigériens) du président Issoufou Mahamadou du Niger est salutaire, surtout si elle s'applique à tout le monde. Les habitants des campagnes comme des villes, fonctionnaires du secteur public ou privé, peuvent promouvoir l'agriculture et la protection de l'environnement aux alentours des villes et villages.

La campagne qui offre l'emploi devrait également fournir des installations d'infrastructures de base pour les soins de santé, l'éducation, l'épanouissement par le divertissement de proximité... Cela est possible en Afrique. Et les firmes étrangères qui viennent puiser dans les minerais ont déjà donné les preuves d'une telle intégration des offres pour exploiter des gisements, loin des villes, arrivant parfois à construire ex nihilo de cités urbaines entières.

Retourner cette stratégie en faveur de la promotion d'entreprises agricoles dans les campagnes africaines aura deux avantages précieux : solutionner le problème de l'urbanisation sauvage, en maintenant les bras valides près des terres, et régler le problème du sous-emploi.

Même un troisième avantage, et pas des moindres pourrait être envisagé : la production de vivres en quantité pour la consommation locale, la commercialisation vers les villes et l'exportation…

Refuser un tel choix peut paraître comme un drame. En effet la reconstruction des campagnes doit reposer essentiellement sur la jeunesse. A plus de 60% de la population du continent, la jeunesse est un atout et un handicap pour l'Afrique. Le président Jacques Chirac, l'a bien dit en ces termes :

« la jeunesse africaine est une chance, une richesse inestimable pour l'Afrique si celle-ci est capable de lui offrir les conditions nécessaires de son épanouissement ; dans le cas contraire cette jeunesse peut être une réelle menace pour l'Afrique et le monde, si les états africains ne lui apportent pas de solutions précises aux difficultés qui l'assaillent, comme le chômage, la précarité, ou la pauvreté. »

Dans ces conditions tout type d'économie pouvant absorber le chômage et lutter contre la pauvreté serait la bienvenue, même si elle est informelle.

Sortir de l'économie informelle

En Afrique, l'économie informelle règne partout, et fait une concurrence sévère à l'activité formelle. Tout se trouve dans le secteur informel : restauration, tabac, pièces de rechange automobile, finances et même,... carburant et médicament. En Afrique, les activités classées au secteur de l'économie informelle rivalisent systématiquement avec celles du secteur formel. Un esprit d'entreprise particulièrement vif semble insuffler aux Africains le flair et l'envie de se jeter dans tout ce qui peut faire vivre, ou plutôt tout ce qui peut faire survivre. Or l'activité dans le secteur agricole est variée, florissante, particulièrement inépuisable en termes d'initiatives et de possibilités.

Mais en réalité, le secteur informel est plutôt le refuge de jeunes et de femmes abandonnés à eux-mêmes. Diplômés sans emploi, femmes sans formation, donc en difficulté réelle d'insertion, choisissent une issue de débrouillardise plutôt que de se laisser aller à la faim. Il s'agit d'un secteur où le sous-emploi et le manque de qualification professionnelle confinent des personnes susceptibles d'être plus utiles ailleurs.

L'absence de politique étatique cohérente sur les questions de l'emploi et de l'insertion professionnelle des jeunes est pointée du doigt. Les études et autres analyses des activités informelles en Afrique louent particulièrement l'imagination entrepreneuriale des Africains. Elles apprécient particulièrement le flair des Africains pour la micro entreprise de production de biens et de services nouveaux, le commerce…

Les « petits métiers », les « métiers de la rue »… sont autant d'expressions qui ont jailli des analyses pour féliciter ou pour montrer cette imagination bien africaine de l'économie informelle. Mais cette vision idyllique des activités informelles cache une économie souterraine et mafieuse qui pénalise fortement le secteur formel.

Les griefs des spécialistes se résument en un long chapelet de fautes et d'insuffisances plus ou moins prouvées dont les principales sont : le manque de formation des acteurs qui entraîne une mauvaise gestion des entreprises du secteur, ce qui ne favorise pas l'accumulation du capital pour l'amélioration de la production des entreprises ; l'absence de possibilité de diffusion du savoir-faire ou des techniques ; le peu de développement et d'acquisition de la culture d'entreprise qu'induirait le secteur informel.

Pourtant, bien des analystes perçoivent la prolifération de la micro-entreprise du secteur informel comme une issue de secours pour une Afrique en mal de succès économiques réels et prospectifs. Pour ceux qui y croient, le secteur informel est une voie vers l'autoformation des acteurs, la possibilité, au quotidien, de tester des initiatives et de s'apprêter à une activité économique de grande ampleur, donc de se fondre dans le formel.

Les activités informelles offrent également une malléabilité et de multiples formes d'adaptation des offres à la demande, échappant ainsi aux crises profondes. A l'échelle de la société, on trouve dans le secteur informel, des organisations productives qui instaurent des rapports salariaux autres que ceux du secteur « normal », l'obligation d'une redéfinition du « chômage », des solutions à la dépendance et à la mendicité, un nouveau regard sur le rôle de la famille...

Le secteur informel établit toute une ramification de relations économiques et sociales avec des instances plus ou moins éloignées : milieu familial, entreprises communes ou villages de résidence... Les acteurs ont le sens des opportunités d'affaires, en relation avec ces instances, de façon plus ou moins officielle, voire consciente, mais avec une grande capacité d'organisation et d'une adaptation rapide des offres à des demandes fragmentées mais vite perçues par des gens vigilants et alertes.

Il n'y a plus de doute aujourd'hui : l'Afrique aura bien des difficultés à supprimer ou à éradiquer le secteur informel. Non seulement que les Etats comprennent qu'il comble un vide à la fois structurel, économique et social, mais le secteur lui-même a une capacité de résistance inouïe. D'un côté, la corruption rampante dans la société lui accorde de beaux jours encore. De l'autre côté, la peur du politique de s'en prendre à un secteur jouant le rôle de soupape sociale, et de recevoir en plein visage l'effet boomerang est une réalité. Alors tout le monde se tait, et l'on navigue entre deux eaux. L'Etat souffle le chaud et le froid. Et les acteurs du domaine acceptent de jouer au chat et à la souris avec les structures de contrôle et de répression.

L'Afrique a pourtant une opportunité dans le secteur Informel, si ce dernier amène les Etats à s'appuyer sur son existence pour concevoir leur politique de développement prospective et autocentrée, vu que ce secteur existe déjà concrètement, et traverse, avec le temps, toutes les formes de crises que le continent a vécues, et vit encore. Le secteur informel « plie mais ne rompt pas », à la manière du roseau de La Fontaine. Fragile mais résistant aux aléas sociopolitiques et économiques. Au-delà des clichés qui consacrent une admiration béate et peu réaliste au secteur informel, les Etats doivent étudier, voire accepter de considérer les activités du secteur informel comme des activités économiques réelles, avec des possibilités d'en tirer une leçon et même de la plus-value.

Il s'agit de penser à limiter les tracasseries et les tendances aux lourds prélèvements infligées aux acteurs du domaine. L'Etat et les collectivités locales gagneraient à organiser le secteur par l'établissement de répertoires, la suggestion de formation et de recyclage au profit des acteurs, pour augmenter leurs acquis intellectuels et professionnels. Les Etats et les collectivités pourraient développer des services financiers à l'endroit des opérateurs du secteur informel. Mis en confiance par cette première série de mesures, les opérateurs accepteraient de jouer en retour leurs partitions en termes de payements des impôts et autres taxes, plus spontanément. Des pays ont déjà conçu des programmes de micro-finance qui sont très appréciés par les opérateurs de l'informel, qui ont du mal à utiliser les services des banques classiques. Pour un développement qui n'oublie personne, l'Afrique a, de toutes les façons, intérêt à inclure les opérateurs du secteur informel comme capables de participer à la construction d'une économie locale d'abord.

Il y a lieu de constater et de lire conséquemment la proximité entre certaines activités informelles et les activités du secteur formel. Le dernier recueille parfois des fonds des activités des premières. Une certaine politique de rapprochement progressive des deux secteurs peut permettre aux Etats de bénéficier réellement des apports de l'informel aussi bien par les taxes et impôts adaptés, mais avec l'assurance de leurs entrées régulières : des petits ruisseaux faisant encore les grandes rivières.

Au Niger par exemple, le marché de Katako à Niamey est, par excellence, un marché de l'informel ; à défaut de pouvoir le détruire, l'Etat pourrait organiser les acteurs pour les faire participer sérieusement à la vie active nationale, en leur faisant payer régulièrement les impôts et taxes dus à l'Etat ou aux collectivités.

Bien des succès, d'entreprises réussies et autres prouesses dans le monde des affaires existent en Afrique.

La majorité de ceux qui n'ont pas eu à bénéficier d'un héritage ou d'un accompagnement particulier proviennent du secteur informel. Tout développement doit se baser sur une politique stratégique à laquelle l'Afrique ne peut échapper.

Pour l'autonomie de la réflexion stratégique et politique en Afrique

Pour une Afrique qui a vu toutes les formes de projets de développement se succéder sans lui ouvrir les voies d'une croissance économique réelle, durable et profitable au plus grand nombre, il n'y a aucun doute : une véritable crise s'est installée. La confusion, l'instabilité économique et politique sont particulièrement perceptibles sur le continent, plus qu'ailleurs. La pauvreté et son cortège de précarités imposent aux Africains d'avoir le courage de rompre avec les modèles imposés, et de penser le développement du continent par eux-mêmes.

Il est, de prime abord, nécessaire de rompre avec la mentalité inculquée aux Africains par les colons, et qui les amène à tendre la main, pendant que les ressources sont librement pillées par ceux qui reviendront jouer les sapeurs-pompiers. Les institutions internationales devraient comprendre que le projet africain de développement doit rimer avec le rêve que l'Afrique se crée et se donne les moyens de réaliser. Il ne s'agit pas de rattraper l'Occident, mais de choisir un rythme de développement rapide certes, mais réaliste et adapté aux besoins réels de l'Afrique.

Les richesses de l'Afrique, bien exploitées, les bénéfices redistribués avec justice et équité sont les gages d'une émergence économique et sociale qui laissera derrière nous les déboires et autres errements hérités de la colonisation.

Après les recommencements successifs, les pillages organisés par les réseaux de multinationales au profit de l'Occident, l'Afrique a le devoir de penser et de choisir, par elle-même, ses partenaires, ses options stratégiques et ses moyens d'avancer. La présence des Chinois sur le continent inquiète déjà les réseaux occidentaux. Les réflexions et actions autonomes, inspirées d'une quête d'autonomie réelle de la pensée stratégique font déjà rougir les mêmes réseaux. Tout semble prêt pour « ce retour vers le futur », comme le pensent bien des observateurs.

Comment ne pas se rappeler que pendant longtemps, les multinationales occidentales, avec l'appui et le soutien de leurs gouvernements, avaient monopolisé les activités économiques et surtout les grands marchés d'investissements en infrastructures (ponts et routes, bâtiments et barrages…). Le refus d'un gouvernement de céder des droits d'exploitations minières, la volonté de choisir avec un peu plus d'autonomie les opérateurs ou adjudicataires d'un marché important signait la chute des gouvernements.

On a découvert, avec la coopération chinoise, que les Etats peuvent mieux se respecter et surtout que la politique peut être réellement tenue hors du champ économique. Les signatures de contrats d'exploitation et de constructions d'infrastructures avec la Chine semblent particulièrement respecter la logique que devraient exiger les Etats africains depuis longtemps. La Chine a, elle, la hauteur de laisser les gouvernements africains conduire leurs politiques, en s'occupant, elle, de son business.

Aujourd'hui, on sait que les sommes investies en Afrique par les Chinois, dépassent les montants injectés sur le continent par les partenaires traditionnels. Si les Chinois soutiennent les gouvernements sans leur imposer l'orientation des fonds mis à leur disposition, ni chercher à juger de la pertinence de leurs choix politiques, c'est que les Chinois eux-mêmes savent que la discipline et la limitation des divagations politiques ont été les atouts majeurs de l'émergence de leur économie. Mais les impositions de discipline budgétaire et autres obligations de respecter les droits de l'homme ont permis à la Banque Mondiale, au FMI, à l'Amérique et à l'Europe de faire passer les ajustements structurels à partir de ce qu'on a appelé « le Consensus de Washington ». La baisse des dépenses publiques, la libéralisation financière, la libéralisation des échanges, la privatisation des entreprises publiques (même les plus florissantes) l'élimination des barrières à l'investissement direct étranger ont été le credo de ce Consensus de Washington qui a livré les pays Africains à la prédation des multinationales, et conduit à la paupérisation des populations à l'existence déjà précaire.

La vérité n'est pas que les Chinois seuls sauveront l'Afrique. Mais la preuve est déjà administrée que les approches ultra libérales de l'Occident et de ses institutions satellites ont été plus nocives que la distance que ces Chinois maintiennent par rapport aux systèmes politiques des Etats africains. Cela laisse ses Etats libres de choisir les orientations stratégiques des investissements. Comment ne pas approuver ce genre de tendance, si l'on sait soi-même que les gouvernements africains connaissent mieux les problèmes des populations que les fonctionnaires des institutions internationales enfermés dans leurs bureaux de Washington ou de Bruxelles. La période où on imposait aux Etats de réduire les parts des budgets consacrées à l'éducation, à la santé, à la production d'eau potable est certainement passée ; mais elle a laissé des stigmates encore visibles de nos jours.

Certains régimes dits dictatoriaux ont été plus constructeurs que ceux qui reçoivent le blanc-seing des institutions internationales, parce qu'ils maîtrisent les problèmes de leurs populations. Quand les gouvernements sont enclins à satisfaire d'abord les exigences des institutions internationales au mépris des attentes de leurs peuples, ce n'est pas sûr qu'ils fassent les meilleurs choix. Les dirigeants, les élites politiques et intellectuelles ont l'impérative mission de sortir de leur léthargie pour élaborer des politiques économiques endogènes, qui mettent en parallèle les potentialités économiques de l'Afrique et ses besoins en investissements stratégiques.

L'Occident a réussi à imposer aux partenaires de l'Afrique d'exiger la bonne gouvernance comme baromètre de l'action politique des gouvernements. Tout comme auront été imposés les plans d'ajustement structurel et les autres conditionnalités d'accès à l'aide des partenaires financiers, la bonne gouvernance ne relève pas d'une option libre, des pouvoirs publics d'être plus à l'écoute de leurs peuples.

Ignorant le sens réel de ce concept, les élites africaines s'en sont accommodées, infligeant à leurs concitoyens à l'existence déjà précaire plus de souffrances encore. En réalité, l'essence purement libérale de la « bonne gouvernance » a quelque chose d'injuste, quand on voudrait l'appliquer au contexte de la politique africaine.

Anne-Cécile Robert et Jean Christophe Servant rappellent, à juste titre, les origines du concept de bonne gouvernance, en le situant dans la science administrative anglo-saxonne des années 1960-1970, où commençait à poindre la domination des idées libérales, portées par l'obsession de réduire les déficits publics et le poids des administrations. La bonne gouvernance veut reproduire le modèle libéral de société et de gouvernement : un Etat faible cantonné à ses fonctions régaliennes, un marché « où la concurrence est libre » et une « société civile qui assume les fonctions caritatives en lieu et place de la puissance publique »[37]. Pour les auteurs de ce livre, les élites ni les cadres, aussi bien en Europe qu'en Afrique,

37 Anne-Cécile Robert et Jean Christophe Servant, *Afrique, années zéro. Du bruit à la parole*, Paris Editions l'Atalante, 2008, p. 125.

ne sont pas au fait de cette origine ultra libérale du concept de bonne gouvernance, encore moins les citoyens et les membres de la société civile ou des associations.

A tout dire, il s'agit d'un concept imposé, surtout pour mener de force les sociétés africaines dans le libéralisme, au mépris des prescriptions culturelles et autres exigences morales de solidarité propres aux communautés africaines. Quand on se rappelle que tout un code de conduite des affaires communautaires appuie ces prescriptions culturelles et exigences morales, on comprend que la réflexion stratégique et politique fondée sur le seul libéralisme (la bonne gouvernance) est une colonisation pure et simple, voire une escroquerie intellectuelle.

Qui connaît mieux les problèmes du continent que les Africains eux-mêmes ? Les élites africaines formatées par l'éducation aux sciences et aux technologies occidentales n'ont certainement pas perdu leur âme. L'appel qui leur est lancé est de réveiller la part de nationalisme, de patriotisme et de conviction d'être des Africains qui leur reste, pour la mettre à rechercher les idées qui sortent l'Afrique de sa situation de continent pauvre.

Il s'agit concrètement de faire renaître l'espoir en Afrique et chez les Africains, en proposant les meilleures voies de sortie de la pauvreté et de la misère. Il existe sur la planète des pays qui ont pu éradiquer la grande pauvreté. Le Pérou, par exemple, a facilité la création d'emplois et de la production par les pauvres en leur donnant de larges possibilités d'accès au crédit.

De vaillants jeunes Africains sont en passe de devenir de passifs agents en attente de manipulation lors des joutes électorales. Leur fournir les moyens légaux d'avoir accès à la protection de leur droit de propriété par exemple, sera une grande avancée.

L'absence de protection juridique reste, en Afrique, comme dans beaucoup de pays pauvres un goulot d'étranglement de l'activité de petits producteurs. Ces genres de situation devraient préoccuper l'élite intellectuelle et politique qui se taille la part du lion dans la production économique des pays africains.

La stratégie propre des Africains pour construire le bien-être des peuples doit en emprunter abondamment à l'histoire et à la vie des hommes et des femmes du continent, à leurs attentes et à leurs rêves légitimes de sortir de la pauvreté.

A cet effet, il est urgent que les gouvernements, les élus locaux et les ONG africains conçoivent d'abord leur rôle d'incitateurs des populations au travail comme une réelle activité de proposition d'alternatives aux pratiques inspirées ou imposées par la colonisation. Précisément, les élites auront à s'imposer une éthique et des règles qui leur permettent de revendiquer et d'obtenir leur droit de regard sur les projets et programmes que les institutions internationales et autres partenaires mettent en œuvre sur le continent. Car il faut le reconnaître et le rappeler : la pratique des projets et programmes conçus et imposés par les bailleurs de fonds et autres partenaires au développement est improductive. L'évaluation des experts étrangers qui ont suivi eux-mêmes les projets inadaptés aux besoins des populations africaines n'a pas souvent révélé les inadéquations et autres échecs : il ne suffit pas de voir des ouvrages sortir de terre pour croire ou faire croire que leur réalisation a un impact positif sur la vie des populations bénéficiaires ou que ces derniers en profitent réellement.

L'Afrique a manqué souvent de dresser, en face de ce que les institutions internationales et leurs affidées occidentales lui imposent, sa propre démarche, inspirée du quotidien des citoyens des pays africains.

Ainsi, elle a accepté l'impératif de la privatisation des entreprises publiques. Cette privatisation tous azimuts qui a débouché sur la dépossession des Etats, d'outils et instruments stratégiques de production nationale, provoquant en même temps la désindustrialisation du continent. Quand on se rappelle, que le colon ne s'était pas retiré de gaîté de cœur, on se rend compte de la grande erreur stratégique que constitue la vague de privatisations forcées des années 1990 sur le continent. Là où des producteurs se sont garantis des possibilités d'écoulement de leurs produits, la privatisation des installations, puis leur fermeture fantaisiste, ont condamné des populations entières à la précarité. Le coton, le cacao, le palmier à huile sont les produits dont les producteurs ont subi ce sort injuste et tragique.

L'obligation faite aux Etats de réduire les effectifs de la Fonction Publique et de geler les recrutements a aussi été cautionnée et mise en œuvre par une élite politique zélée, et des gouvernements peu autonomes dans la conception de leurs stratégies. Aujourd'hui, dans bien des pays, le problème se pose en termes d'inadéquation entre les profils des agents de l'Etat et les besoins réels des administrations, de déficit de personnel d'encadrement et surtout de déséquilibre net entre les départs à la retraite et les recrutements. On craint déjà, dans biens des pays, que les déficits en compétences en arrivent à pousser certains Etats à recourir encore à des experts étrangers, marquant encore un pas en arrière vers une nouvelle colonisation.

Cet ouvrage a déjà consacré de longs développements à la manière forcée dont les Africains ont été conduits à la démocratie, avec pour conséquence la marchandisation du vote et le découragement précoce des populations à l'endroit de la démocratie elle-même.

Face à tous ces échecs, la voix de l'Afrique est attendue, pour formuler et mettre en œuvre ses propres outils de lecture et de construction de l'économie, de la politique et de la démocratie. Inspirés de ses traditions, de ses besoins et surtout de la place que l'Afrique veut occuper dans le monde, ces outils s'adapteront mieux aux besoins des Africains. De toutes les façons, il est temps que l'Afrique se pense par elle-même. Dans cette optique, je considère pour le Niger, que l'axe stratégique de sa politique de développement doit être le Nigéria. Un pays limitrophe, un marché de plus de 170.000.000 de consommateurs, est une aubaine pour les producteurs nigériens de toutes sortes. Toutes nos productions marchandes peuvent se déverser sur ce gros et grand marché.

Une jeunesse de producteurs doit émerger et être encouragée par l'Etat, en lui accordant des crédits à l'exportation en direction de ce grand voisin. Les éleveurs déjà habitués, doivent être encouragés à moderniser et à produire de manière industrielle pour investir ce marché.

Une des mesures fondamentales à faire accepter à tous (Africains et partenaires internationaux) est que l'Afrique ne peut et ne doit pas continuer de s'endetter pour payer les services de la dette. Des hommes et des femmes courageux devraient surgir de la mêlée pour insister, pour que l'aide au développement que l'Afrique reçoit de ses partenaires ne soit plus l'instrument de sa soumission. Les stratégies novatrices feront clairement état de ce que l'Afrique attend de l'aide, de son orientation et de son utilisation, pour qu'elle ne retourne pas dans les comptes de multinationales prédatrices, ni qu'elle n'aille remplir les comptes des élites africaines dans les banques occidentales.

C'est en cela que, bien qu'approuvant la forme réaliste et pragmatique de coopération que la Chine adopte avec l'Afrique, il ne serait pas superflu, sans céder à la manipulation d'un Occident jaloux, d'en appeler à la vigilance des citoyens et des instances de contrôle et de régulation, pour que celles-ci exigent des gouvernements d'utiliser rationnellement les recettes de la vente des ressources naturelles.

L'Afrique et ses richesses : pour une meilleure répartition des fruits de l'exploitation des rentes et des matières premières

Le fait que l'Afrique recèle d'énormes ressources minières contraste fortement avec la situation de grande pauvreté qui sévit sur le continent. Il s'agit carrément d'un paradoxe humiliant pour les intelligences et les politiques du continent. Pour les observateurs, cette aubaine (le potentiel minier) fonde les raisons d'être optimiste au sujet des économies du continent. Bien des réflexions vont dans ce sens, de plus en plus. C'est le cas de celle du Secrétaire Général Adjoint de l'ONU et Conseiller Spécial pour l'Afrique, Cheick Sidi Diarra. Tout en reconnaissant que l'absence de progrès économique du continent a des conséquences sociales graves, il exprime son optimiste fondé sur l'existence et la disponibilité des ressources naturelles sur le continent dans une interview au titre évocateur : « Les raisons d'être optimiste »[38]:

38 Cheick Sidi Diara, « Les raisons d'être optimiste », in *Afrique Renouveau*, août 2010, p. 15.

« Les ressources naturelles, Dieu merci sont toujours là. Il s'agit d'élaborer des politiques pour profiter de leur valeur ajoutée. Il faut mettre en place un cadre juridique pour attirer d'avantage les entreprises et compter de moins en moins sur l'aide internationale ».

De tels propos empreints d'optimisme parcourent actuellement les ondes et les colonnes de la presse, pour nous faire croire qu'il suffit de trouver des entreprises qui puissent exploiter les richesses de l'Afrique pour que les pauvres du continent retrouvent le sourire. Or les guerres, l'extraction frauduleuse, les contrats iniques et les bradages organisés par les pouvoirs en place créent une déperdition importante de ces richesses naturelles, notamment des ressources minières.

Les multinationales s'enrichissent au détriment des populations. Anne-Cécile Robert et Jean Christophe Servant en arrivent à la remarque suivante :

« *Affligeant paradoxe, maintes fois souligné par les spécialistes, mais trop rarement perçu par les opinions occidentales : les pays d'Afrique qui disposent de ressources naturelles n'en figurent pas moins parmi ceux qui accusent le plus grand retard de développement sur le continent* »[39].

En clair, c'est que la « Ruée vers les coffres forts minéraux » du continent participe toujours à la prédation et au pillage de l'Afrique avec le silence approbateur ou la complicité de l'Occident et de ses appendices que sont

39 A-C. Robert et J-C Servant, *Afrique, années zéro*, Paris Edition Atalante, 2008, p. 38.

les Institutions financières internationales. Ces dernières, elles-mêmes finissent par s'inquiéter du paradoxe de la pauvreté dans ces pays en établissant, dans un rapport de la Banque mondiale, que « non seulement les industries pétrolières, gazières et minières n'aident pas les plus pauvres dans les pays en voie de développement, mais elles ont souvent aggravé leur situation »[40]. Les problèmes identifiés dans ledit rapport sont nombreux, allant des manquements à l'environnement, à la sous information des populations, en passant par les tensions entre les compagnies d'extraction et les communautés vivant dans les zones d'exploitation.

Les pays comme le Congo Démocratique, le Nigéria, le Libéria et la Sierra Léone sont les victimes de ces retombées paradoxales. Ils ont été les proies de groupes mafieux armés qui provoquent la guerre et le pillage des ressources minières dilapidées au profit de réseaux obscurs. Pendant que les populations souffrent et manquent de nourriture, leurs richesses font l'objet d'un pillage en règle par des compagnies extractives qui bénéficient de contrats aux clauses plus ou moins floues.

Pour rendre aux peuples les fruits de l'exploitation de leurs richesses, l'Afrique a intérêt à se munir d'une connaissance détaillée de la géographie de ses richesses, d'une évaluation (la plus complète possible) des capacités des mines, d'une étude prospective des valeurs ajoutées à en tirer, de même que d'une formation des Africains dans

40 A-C. Robert et J-C Servant, citant un rapport commandé par la Banque Mondiale, Op. Cit. p. 69.

les domaines relatifs à l'exploitation de ses gisements. Le courage des gouvernements africains à opposer à l'élan prédateur des compagnies extractrices, une démarche structurée et méthodique faite d'une maîtrise du domaine, et qui mette les intérêts des pauvres en avant, s'ajoutera à toutes ces dispositions pour garantir une meilleure rentabilité des exploitations minières du continent.

Les programmes sociaux dont les plus pauvres sont dépendants sont ceux qui souffrent des déficits les plus remarquables en Afrique. L'éducation nationale, le secteur de la santé et des installations sociocommunautaires devraient bénéficier d'investissements réguliers pour couvrir les besoins des populations. Or, le constat est que, malgré la croissance économique tirée de l'exploitation des mines, ces secteurs sont toujours à la traîne.

Le plus souvent, les Etats subissent le diktat des institutions financières internationales qui limitent drastiquement les investissements dans ces secteurs, ou leur imposent de se tenir à bonne distance de la gestion que font les multinationales des ressources minières, du fait des règles ultra libérales promues par lesdites institutions internationales. Le résultat de cette mise sous tutelle des Etats est que les mannes tirées des richesses naturelles font l'objet d'une utilisation régentée qui supprime toute autonomie aux gouvernements.

Ce qui est attendu des gouvernements africains est qu'ils se montrent fermes dans les négociations avec les partenaires afin de faire accepter, voire d'imposer le financement de leurs programmes sociaux par les ressources issues de l'exploitation des richesses naturelles. Cela ne s'aurait être possible sans une unité d'action des pays producteurs de ces ressources naturelles.

Il s'agit donc, pour les gouvernements, de revendiquer simplement leur mérite et leur devoir d'être des gouvernements soucieux du bien-être social de leur peuple, ce peuple africain qui présente de larges couches vivant en dessous du seuil de pauvreté. Ce sont ces pauvres qui attendent le plus de bénéficier des investissements dans le social, pour sortir de la précarité.

Santosh Mehrotra, économiste principal et responsable des politiques socio-économiques de l'Unicef pour les pays en développement, a posé le principe de façon claire :

«… une politique économique sera axée sur les besoins sociaux, si le développement social a la priorité et fait partie intégrante des stratégies nationales de développement économique. Les stratégies économiques et sociales sont complémentaires, et non antagonistes ou unilatérales, puisque la relation est bidirectionnelle. La croissance économique crée les moyens matériels propices au progrès social »[41].

L'idéal que propose cet économiste est que la croissance économique débouche sur le bien-être social. Mais contrairement à bien des réflexions allant dans le même

[41] Santosh Mehrotra, *Le développement à visage humain*, Paris, Editions Economica, 2001, p. 132.

sens, il ne suggère pas d'atteindre la croissance avant de penser le social. Il conçoit le développement comme un tout, intégrant le social et la croissance économique. Il s'agit, d'avoir à l'esprit que les programmes sociaux doivent bénéficier d'investissements propres des gouvernements, et que ces derniers peuvent prendre appui sur les richesses naturelles, pour ne pas attendre que des bailleurs de fonds hypothétiques et autres agences d'aide ou institutions internationales rétives viennent imposer leurs desideratas.

En Afrique, la couche la plus exposée aux affres de la pauvreté est la jeunesse. En même temps qu'elle représente la proportion la plus importante de la population, ses problèmes sont ceux qui couvrent largement le champ social. Comment préparer les jeunes à la vie, par une éducation scolaire ou un apprentissage adéquats ? Comment leur permettre de grandir en sécurité et en bonne santé dans des pays exposés aux conflits armés et au VIH ? Quel avenir et quels emplois leur légueront la génération aux affaires ? Comment les préparer à assumer la relève générationnelle ? Autant de questions dont les réponses se trouvent dans les opportunités des gouvernements à investir dans les leviers qui agissent sur l'ensemble des domaines évoqués dans les interrogations précédentes.

Les gouvernements des pays riches en ressources naturelles devraient mettre toutes ces questions en face de la croissance économique issue de l'exploitation des mines, et choisir d'assumer leur rôle devant l'histoire.

Investir dans le social pour garantir un avenir aux citoyens, notamment les jeunes, c'est le fondement stratégique que les gouvernements africains devraient adopter pour être au diapason des besoins du peuple. Ce faisant, ils auront montré et démontré leur mérite et leur rôle de dirigeants.

Dans bien des pays, les fruits de la croissance n'ont profité qu'aux fonctionnaires de l'administration publique et aux politiciens élus ou membres de l'exécutif. Non seulement, le petit peuple des jeunes englué dans le sous-emploi du secteur informel reste exclu de cette croissance, mais aussi, les élus et autres politiciens, par la corruption, s'accaparent d'une part disproportionnée de ces richesses.

En investissant dans le social et dans ce que l'ONU même reconnaît aujourd'hui comme « les domaines humains prioritaires », les gouvernements feront une répartition équitable des fruits de ce qui est une richesse nationale, donc appartenant à tous. Le continent africain a un besoin impératif d'industrialisation, pour une meilleure exploitation de ses ressources minières, et en tenant bien compte de ses intérêts.

Le Niger, un pays producteur d'uranium et de pétrole est paradoxalement compté parmi les plus pauvres au monde. Une situation qui se justifie parce que les sociétés qui exploitent ses gisements le font dans une opacité totale. La surfacturation des charges d'exploitation et la corruption des hommes politiques et des nationaux (à qui on accorde des salaires exorbitants, des bourses pour leurs enfants et des soins gratuits de santé pour leurs familles),... installent des complicités qui cachent la réalité de l'exploitation. Cela enlève tout patriotisme à nos cadres, qui ne voient désormais que leurs intérêts personnels à sauvegarder. Lorsque nos dirigeants se réveillent de leur sommeil pour réclamer la révision des contrats dans l'intérêt de leur pays, ce sont des canons que l'on pointe aux portes des pays, ou alors, pour le cas du Niger, on réveille la rébellion. L'impératif de l'industrialisation du continent ne peut se faire que dans l'unité, et le respect des choix stratégiques de développement de chaque pays…

L'industrialisation impérative de l'Afrique

L'Afrique est, en ce XXIe siècle, la partie du monde la plus courtisée pour ces matières premières. Il s'agit aussi bien des ressources minières que des matières premières agricoles. Le pétrole, les minerais et les mines de métaux et d'autres ressources du sous-sol de l'Afrique attirent la convoitise des exploitants de toutes parts. Du coup, les regards devraient se faire plus vigilants. L'on dénonce de plus en plus les multinationales bénéficiaires de contrats léonins passés avec des gouvernements peu regardants sur les intérêts des citoyens. Les gouvernements mêmes ont, de plus en plus, le courage de solliciter la révision de certains contrats, pour rendre ces derniers profitables à leur pays. La réflexion sur les biens propres du continent s'émancipe et les complicités mafieuses sont de plus en plus dénoncées. On pense de plus en plus à une exploitation des ressources qui profite réellement aux pays et aux peuples. C'est ainsi que la fermeté dans les négociations pour la révision des contrats miniers entre le Niger et la société AREVA a été saluée par tout le monde. En effet depuis plus de quarante ans d'exploitation de l'uranium, le Niger ne tirait que 5% des recettes de l'exploitation de ses minerais. Quoi de plus naturel, pour le Niger, de s'appuyer sur une nouvelle loi datant de 2006, lui permettant d'augmenter ses recettes provenant de cette exploitation à hauteur de 10% ou 12%, pour réclamer la révision des contrats ?

Mais là où cet ensemble de réflexions peine à se concrétiser, c'est sur la réalité d'une industrialisation de l'Afrique : la seule qui permettra à l'Afrique de profiter réellement de ses richesses naturelles. Une industrialisation, même modeste, mais accélérée, sera la première garantie pour l'Afrique de mieux profiter des ressources de son sous-sol ou des fruits des durs labeurs de ses producteurs. Il s'agira de réussir à tirer réellement partie du sous-sol et des matières premières agricoles, comme de véritables moteurs de la croissance économique.

L'exploitation des ressources minières doit impérativement s'appuyer sur un projet de développement intégré des infrastructures industrielles et logistiques. L'extraction minière artisanale et l'exploration géologique doivent se rapprocher pour déboucher sur un système industriel national ou régional de transformation.

Si les pays comme le Mali, le Niger et le Burkina Faso mobilisent les moyens par leur Etat respectif, ils pourront ajouter, ensemble, des chaînes de valeur à l'exploitation de l'or qui, actuellement, est exporté sous la forme brute.

En passant à une transformation plus achevée, sous la forme de produits semi finis, les pays créeront des emplois dans le secteur minier industriel. Ces emplois s'ajouteront à ceux (en nombre souvent réduit) que proposent les industries extractives. Dans ce genre de perspective, l'effort que feront les gouvernements sera de « fédérer les ressources pour accroître les potentialités » de leur pays.

Il s'agit de dépasser les cadres sectoriels des productions des biens et services pour envisager des approches transversales des questions du développement. Actuellement, les mines et les minerais du sous-sol sont intensivement prélevés et exploités dans beaucoup de pays : le Niger, le Burkina Faso, le Mali, la République Démocratique du Congo, dont les populations demeurent pauvres avec des taux de chômage inquiétants. C'est un vieux cliché du temps de la colonisation où l'Afrique et ses peuples étaient encore aveugles ; depuis, la donne a changé, et il faut exiger une exploitation rationnelle et diversifiée des richesses du continent avec des partenaires honnêtes.

La vision transversale du développement impose qu'une industrialisation rapide des exploitations conduise à la création d'infrastructures de transport, de commerce et même d'agriculture. Ce dernier secteur constitue, à n'en point douter, un secteur clé dont l'intégration aux autres, et une industrialisation minimum mais généralisée, assureront une impulsion rapide pour le développement des pays. En même temps, l'intégration régionale qui préfigurera l'intégration réelle de l'Afrique, se concrétisera.

La grande question de l'industrialisation a été que, pour bien des pays africains producteurs de matières premières agricoles, le fait de continuer d'exporter la production brute ou très peu transformée pose de réels problèmes. Le cas du coton dans des pays comme le Bénin et le Burkina Faso continue de causer des soucis aux producteurs comme aux Etats, quant aux revenus à tirer de cette exploitation.

Il a été reconnu qu'une chaîne importante de métiers et d'activités professionnelles profitent plus ou moins des retombées de la production du coton dans ces pays. Mais il reste que le coton est très peu transformé dans les deux pays. La production est massivement exportée vers les pays comme la Chine et l'Inde. Ce faisant, une bonne partie de la chaîne de transformation profite à ces pays. Les emplois et les sous-produits se créent dans ces pays où sont exportées les productions du coton. De toute façon, toutes les productions marchandes africaines dépendent des prix du marché international dont l'O.M.C tire les ficelles dans le monde entier, c'est dire que les prix dépendent du bon vouloir des institutions internationales, encore elles !

Le cas des noix d'anacarde est également significatif dans ce modèle d'exploitation. Les acteurs du Brésil et de l'Inde achètent les noix sans la moindre transformation sur place. Seuls les producteurs et surtout les intermédiaires de tous poils s'enrichissent dans les transactions qui ont pour objet ce produit de rente pourtant abondamment cultivé en Afrique de l'Ouest. Or, nul ne doute qu'une transformation minimum dans les pays producteurs pourrait constituer une manière de créer des emplois sur la chaîne complémentaire qu'apporterait cette industrie de transformation. Un pays comme le Sénégal, dont la région de la Casamance produit énormément des noix d'anacarde pourrait fédérer les efforts avec la Guinée-Bissau, qui produit aussi beaucoup de noix d'anacarde. La production des pays bénéficierait d'une transformation de premier niveau au moins, qui permettra d'extraire les amandes et les essences très prisées de cette noix tropicale. Les autres sous-produits pourraient aussi faire l'objet d'autres niveaux d'exploitation. Des jus, des alcools et autres dérivés, en ressortiront pour procurer des recettes aux entreprises industrielles nationales.

De la même manière, une industrialisation rapide et appuyée par des exploitations minières pourrait procurer des gains complémentaires sur les sous-produits et les produits finis ou semi-finis.

Les besoins en main d'œuvre nécessaire pour combler les nouveaux aspects industriels apporteront des emplois, gages de réduction du chômage, de la précarité et de la pauvreté. En cela, les pays africains pourront tirer des leçons de l'exemple chinois qui utilise ses industries pour se hisser au rang des puissances économiques de la planète. Les espoirs formulés dans ce sens existent. Mais il importe de passer à une phase concrète de ces projets et intentions. Le NEPAD, en tant que plan de développement prospectif, prévoit bien des évolutions de ce type. Mais il urge de les transformer en véritables projets dont pourraient jouir les peuples. En cela, les gouvernements ont la responsabilité pressante de sortir des intentions et des promesses, pour faire voir aux populations le vrai visage du développement. En effet, si les

Africains ont conçu des conférences nationales pour asseoir des systèmes de gouvernance démocratique, il est donc possible de convoquer des conférences nationales pour le développement, dans lesquelles les objectifs de développement du continent seront définis dans l'horizon 2060, et à charge pour tout dirigeant politique d'en faire une saine application. L'ambition de développement du continent africain est un souci permanent qui reste possible si, l'Afrique se soustrait du poids de la dette qui anéantit tous les efforts de ses populations. Comme on le sait, la dette empêche la croissance économique de tout pays endetté.

Soustraire l'Afrique à l'endettement extérieur

L'Afrique doit de plus en plus faire face à une réalité : un ensemble de facteurs exogènes, plus ou moins négatifs, vont influencer ses économies, dans les années à venir. Des événements, pas des plus heureux, se produisant à l'extérieur du continent, vont avoir des conséquences négatives sur les économies du continent. Tout comme la chute artificielle des coûts des matières premières dans les années 80 et 90 ont provoqué des baisses de recettes des Etats, et du coup déclenché la crise économique, sociale et politique ; des crises successives qui frappent l'Europe et les Etats-Unis d'Amérique ont des impacts nocifs sur l'Afrique.

Il est vrai que les signaux sont plutôt favorables pour les économies du continent, comme l'a déjà rappelé, à plusieurs reprises, cet ouvrage. Une croissance économique unique positive se lit sur le continent, dans un environnement globalement morose, alors que les pays donateurs sont frappés par des problèmes économiques personnels qui sont drastiques et chroniques. Et l'on pense légitimement que cette situation pourrait les amener à réviser à la baisse leur disponibilité à aider les économies pauvres.

A ces problèmes exogènes qui affecteront certainement l'aide en faveur de l'Afrique, il faut ajouter les problèmes internes. Un de ces défis internes pourrait être l'évolution démographique du continent qui fait croître rapidement les nombres de bouches à nourrir, le nombre de personnes à soigner, le nombre de jeunes diplômés en quête d'emploi...

Les défis sont nombreux, et l'on doit y ajouter encore les perturbations climatiques et autres en traves à la production suffisante de l'agriculture.

En face de tous ces défis, l'Afrique éprouve du mal à tirer réellement profit de ses ressources naturelles et de ses matières premières agricoles, du fait du fonctionnement d'un marché mondial injuste qui confine le continent dans un endettement excessif dont il faut se soustraire pour amorcer un développement auto référencé.

Ce contexte mondial fait d'événements défavorables à toutes les économies, et de paradoxes sur les ressources africaines qui portent une croissance économique potentielle, mais peu visible sur le citoyen ordinaire, et l'évolution interne du continent, impose aux dirigeants africains de réagir. Des réactions qui prouvent une anticipation sur les difficultés qui se profilent à l'horizon sont attendues des économistes et autres planificateurs africains.

Les dirigeants africains ont le devoir impératif de relever les défis du développement, en comptant surtout sur les moyens des pays eux-mêmes. Les choix politiques et économiques qu'ils feront détermineront le sort de plusieurs générations. De ces choix surtout dépendra la considération que les autres acteurs du monde auront pour l'Afrique. Pour se soustraire à la dette, l'Afrique doit d'abord s'assurer de l'appui de ses filles et fils, donc de son unité face à l'extérieur et demander purement et simplement son annulation ou sa révision d'une part, et se donner les moyens intracommunautaires de financer ses investissements à un rythme de développement respectueux de ses valeurs culturelles et de sa croissance interne, d'autre part. Un développement endogène s'impose dans ce cas. Ou alors le dédommagement que l'Occident ferait à l'Afrique pour l'avoir tant pillée et soumise à l'esclavage et à la colonisation, et les reversements de ses avoirs placés en Occident contrebalanceraient, sans nul doute, la dette. Ainsi on reprendrait, à zéro, une nouvelle coopération sur de nouvelles bases. L'annulation de la dette du continent permettra à l'Afrique de se mettre résolument et sûrement sur le chemin de l'intégration de nos économies, gage d'un développement économique et social certain.

Une intégration progressive et méthodique

Toutes les études et analyses sérieuses l'ont dit : l'avenir de l'Afrique se trouve dans l'intégration économique et politique des micro-Etats qui la constituent. « Les petits ruisseaux font les grandes rivières » : cela a été largement démontré. Les grands ensembles de l'Occident le prouvent à suffisance. C'est pour les mêmes raisons que l'Europe continue d'intégrer en son sein, de nouveaux pays, allant jusqu'aux frontières de l'Asie.

Pour l'Afrique, la création de micro-Etats, favorisée par la politique du « diviser pour régner » des métropoles, au sortir de la colonisation, a longtemps sapé l'élan naturel des pays à recomposer les espaces d'avant la colonisation. Les pays trop fiers de leur autonomie et de leur accès à la souveraineté internationale ont trouvé suspects les mouvements intégrationnistes locaux. Les rivalités entre leaders n'ont pas non plus permis une accélération des processus d'intégration. On ne peut oublier les premières tentatives d'intégration réelle : celle de la République du Mali et du Sénégal qui avait fait naître la fédération du Soudan. Mais ces tentatives n'ont pas longtemps prospéré, minées qu'elles étaient, à la fois par les rivalités internes et les manipulations et manœuvres des réseaux nostalgiques de la colonisation. Pourtant, à y regarder de près, on découvre que, pour mieux exploiter le continent, le colonisateur avait créé des entités qui fonctionnaient comme de réels pôles d'intégration économique.

En réalité, les grandes puissances colonisatrices avaient réussi à découper en Afrique de grands ensembles sur lesquels leurs activités de prédation avaient prospéré. Elles avaient besoin de terres, de main d'œuvre, d'infrastructures de transport et autres logistiques pour s'assurer la fourniture de matières premières à leurs industries. Tout cela a été impunément pris en Afrique, avec une reconnaissance des spécificités de chaque région.

Le convoyage des matières premières vers les industries métropolitaines grâce aux routes aménagées à travers la brousse, le chemin de fer qui traverse les pays, les ports pour les embarquements…, tout a été pensé de façon intégrée.

Il y avait donc l'intégration des espaces dans les colonies, auxquelles étaient dévolues des spécialisations dans la production : la Côte d'Ivoire était attendue pour son café et son cacao, le Bénin pour ses palmistes et huile de palme, le Sénégal pour son arachide, le Niger pour son uranium et son coton …

Une intégration des logistiques également était sous-jacente à cette intégration des espaces : le chemin de fer traverse les espaces de part en part, pour joindre les pays de l'hinterland, afin de convoyer leurs productions vers les ports situés sur les côtes de l'Afrique.

Ainsi, du Burkina Faso jusqu'au port d'Abidjan, la voie ferrée pouvait servir à rapporter des cargaisons entières de produits destinées aux usines françaises. De Bamako à Dakar, la même chose était conçue. Le projet entre Niamey et Cotonou s'est arrêté à Parakou, une ville du Nord Bénin, mais il faut souligner qu'à l'époque, les valeurs ajoutées tirées de l'exploitation des minerais d'uranium du Nord du Niger n'offraient certainement pas encore de bonnes perspectives, c'est certainement la raison invoquée par le colon pour ne pas relier Parakou aux zones productrices du nord d'Agadez.

Alors, on se découvre surpris de constater que les mêmes réseaux qui ont profité de leur position de domination au temps colonial pour mettre sur pied cette organisation n'encouragent pas les gouvernements et les peuples africains à réaliser leur intégration économique et politique, le plus vite possible pour augmenter leur compétitivité sur le marché international. On est donc à des années lumières de cette volonté du Général de Gaulle de compter sur l'AOF et AEF (et d'autres colonies d'Outre-mer) pour créer son Union Française. Une Union Française qui n'a pas manqué de séduire certains leaders autochtones des colonies et autres citoyens frustrés d'être des « Français » de seconde zone.

En clair, si les colonisateurs ont fait une exploitation intégrée des biens du continent, il ne reste aux Africains que de s'en souvenir pour agir aujourd'hui. Se souvenir de cette situation, c'est prendre conscience de ce qui reste de ces infrastructures et autres initiatives du colon, et de décider de retourner l'intention colonialiste à l'envers, c'est-à-dire au profit des peuples de l'Afrique.

L'intégration sera d'abord une série de décisions à agir réellement et concrètement sur un certain nombre de défis quotidiens. Une mutualisation des moyens logistiques entre pays limitrophes, des décisions pour faciliter réellement la libre circulation des personnes et des biens en levant les barrières sécuritaires et tarifaires, et surtout en investissant communément dans les infrastructures de transports transfrontaliers, sont des mesures à prendre pour rapprocher les peuples. Les projets d'infrastructures routières sont d'ailleurs considérés comme un des meilleurs moyens d'intégration, vu qu'ils facilitent la circulation à travers les frontières des pays, occasionnent et développent, du même fait, le brassage et la confiance entre les peuples.

Le rêve des pères fondateurs de l'intégration africaine s'est heurté à deux problèmes, en plus de la résistance des présidents trop imbus de leur souveraineté. Il s'agit de la taille de l'Afrique et de sa diversité, mais aussi de l'ampleur des besoins du continent. Mais ils ont fait remarquer que l'ampleur des besoins nécessitait justement l'intégration, pour mutualiser les moyens et les ressources. C'est ce que les ensembles sous-régionaux parviendront à faire en se constituant progressivement des pôles de développement autour d'enjeux spécifiques. L'objectif restera, comme l'avait soutenu le Marocain Omar Kabbaj, ancien Président de la Banque Africaine de Développement, « d'atténuer les effets néfastes inhérents à l'existence d'un grand nombre de petites économies nationales »[42], contrairement au choix d'aller très vite à la création d'un ensemble continental qui a été plombé au niveau stratégique. Car la naissance d'une Organisation de l'Unité Africaine (OUA), même si elle répondait à tous les vœux de coopération économique et politique rappelés ainsi par l'ex-Président de la Banque Africaine de Développement, s'était voulue une entreprise trop ambitieuse, au regard des contingences des années 1960, où les aigreurs de colons et autres humeurs chagrines étaient encore trop prégnantes.

Dans un élan de correction des limites et des difficultés de la construction de l'intégration à l'échelle continentale, les processus et organes régionaux d'intégration ont apporté des solutions satisfaisantes. Ils ont, de ce fait même, établi la preuve que l'intégration progressive et méthodique peut constituer une alternative réelle, et une manière de baliser le chemin vers une intégration continentale indispensable et attendue par les peuples.

Aujourd'hui donc, il faut dépasser les intégrations régionales, la CEDEAO, l'UEMOA, la CEMAC... Ce rapprochement sera fait grâce à une volonté réelle des gouvernements d'augmenter le niveau de complémentarités structurelles des économies régionales, pour impulser un accroissement des productions et des échanges.

Il faut également que les gouvernements dépassent la phobie de perdre leur envie de pouvoir, afin de mettre en œuvre concrètement et diligemment les protocoles et

42 Omar Kabbaj, « Une vision en parfaite harmonie avec nos souhaits pour le continent », in *L'Autre Afrique* N° 104, du 23 décembre1999 au 13 janvier 2000, p. 21.

mandats des accords et traités initiés par les ensembles sous-régionaux et l'Union Africaine.

L'autre effort que les Etats et les ensembles sous-régionaux s'attèleront à faire sera de limiter les chevauchements de participations des Etats à plusieurs institutions sous-régionales, afin de permettre une meilleure utilisation des ressources que les Etats consacrent à leur participation à ces structures régionales. Ce faisant, on enlèverait de l'esprit des citoyens l'idée d'une intégration budgétivore pour les amener à se sentir pleinement engagés dans le processus de l'intégration. L'avènement des Etats-Unis d'Afrique dont nous rêvons tous sera une réalité si les leviers étudiés ci-dessus fonctionnent.

Les citoyens, les gouvernements et même les ensembles et organisations sous-régionaux ont leur partition à jouer. Il est donc possible de le croire, avec l'ex-Président de la Banque Africaine de Développement quand il l'affirme, optimiste :

« *Les pays africains prennent de plus en plus conscience du fait que l'intégration progressive permet de minimiser les coûts de la fragmentation du marché africain et représente, par conséquent, une condition préalable à l'intégration des économies africaines à l'économie mondiale* »[43].

L'intégration de nos économies nous permettra de produire en quantité suffisante pour nourrir les filles et les fils de l'Afrique en proie souvent à une famine dévastatrice.

43 Omar Kabbaj, op. cit., p. 22.

Nourrir les Africains

Le continent africain a conquis la triste réputation de la partie du monde qui n'arrive pas à nourrir ses populations. Les populations africaines, essentiellement jeunes, en proie à des problèmes d'éducation et de santé, doivent également vivre avec la peur de ne pas pouvoir s'offrir le minimum de nourriture par jour. Des famines cycliques s'attaquent aux populations, du fait des sécheresses tout aussi cycliques. L'insécurité alimentaire est de plus en plus vécue par une frange importante des Africains : les populations du Sahel, d'Afrique de l'Est (Ethiopiens et Erythréens) ont des souvenirs sombres et des hantises sur la survenue de ces sécheresses qui conduisent à la famine.

Ce n'est pourtant pas que les Africains ne produisent pas. Réputés agriculteurs et éleveurs, les peuples africains vivent le paradoxe de l'insécurité alimentaire. Le Programme Alimentaire Mondial (PAM) est aux premières loges pour tirer, régulièrement, sur la sonnette d'alarme.

Les aléas climatiques constituent la première cause de famine en Afrique. Viennent ensuite l'insuffisance des récoltes par rapport au nombre de bouches à nourrir et la taille des petites exploitations qui n'arrivent pas à produire suffisamment pour couvrir les besoins de toute une année.

Mais on doit ajouter à ces causes internes, les raisons liées au système de commerce international.

Les importations massives de grains de l'Occident en Afrique, détruisent les marchés locaux. Les pays et les petits exploitants subissent cette concurrence qui les décourage et fait perdre de la valeur à leur production. En effet, le riz et le blé du Nord et de l'Asie envahissent les marchés africains, tandis que le riz local a du mal à être vendu.

Les statistiques sont pourtant favorables, globalement à l'ensemble du continent : une production satisfaisante malgré les disparités régionales. Mais le problème demeure, du fait du manque de moyens et de logistique de transport, de disponibilité de réseaux d'informations pour maîtriser les données sur l'offre, la demande et les prix des produits.

La disponibilité de voies de transport praticables pour faciliter le commerce intra-africain de céréales peut corriger quelque peu cette situation. Il importe également de contrôler et de maîtriser les agissements spéculatifs des commerçants et autres acteurs dont les manipulations et autres falsifications font monter artificiellement les prix dans les périodes de soudure, exposant ainsi les populations entières à la famine.

L'organisation rationnelle de circuits d'écoulement de la production africaine entre les différentes régions du continent sera un gage de mise en échec de ce genre de spéculations dans lesquelles les commerçants asiatiques ont le monopole sur le continent.

Il s'agit de limiter l'importation massive de produits vivriers en même temps que de favoriser un commerce intra-africain de produits vivriers, sans oublier la limitation aussi des intermédiaires qui éloignent, artificiellement, les acteurs du marché des produits vivriers : les producteurs et les consommateurs finaux.

L'Afrique peut revendiquer son droit à se nourrir elle-même, vu que les terres existent, sont fertiles et peuvent être mises en valeur par une politique volontariste qui intéressera, sans nul doute, les nombreux jeunes Africains à la production agricole.

Une agriculture à dimension humaine et respectueuse de l'environnement est encore possible en Afrique, pour nourrir les Africains d'abord.

Subventionnés, les produits occidentaux arrivent à coûter moins cher en Afrique que les fruits des durs labeurs des paysans africains : une grande injustice qui instaure aussi la famine. Les productions du Nord concurrencent sérieusement nos productions locales, malgré l'existence de l'OMC qui doit veiller à l'équilibre des échanges internationaux.

La riposte de l'Afrique : subventionner aussi les producteurs, pour que les produits soient disponibles et à prix abordables pour les consommateurs locaux.

Au lieu de recourir chaque année aux vivres que le Programme Alimentaire Mondial (PAM), le PNUD et autres institutions caritatives veulent bien nous donner pour survivre dans les périodes de soudure, les gouvernements feraient œuvre utile en incitant les paysans par des subventions qui les encouragent à produire en leur garantissant l'écoulement sur les marchés.

Une application réfléchie et organisée d'une politique de subvention peut avoir un double impact : garantir une alimentation régulière et maintenir les jeunes dans les métiers de la production agricole, au lieu de les laisser dans la tentation de l'exode rural.

Une organisation qualitative de la production agricole en Afrique est un des gages sûrs d'un développement autonome du continent. Pour y parvenir, il est nécessaire de penser aux transports, à la production agricole, aux stockages. La circulation des marchandises alimentaires sur le continent en intégration avec leur production, l'incitation des paysans à une agriculture adaptée, avec les apports des Etats en soutiens techniques, subventions spécifiques, l'encouragement des jeunes à s'investir dans l'exploitation agricole (au lieu d'aller grossir les rangs des chômeurs et des délinquants des villes), sont autant de possibilités que l'Afrique peut raisonnablement entrevoir.

Les raisons que l'Afrique tient, de se préoccuper de sa production agricole sont fondamentales. Au-delà du règlement des problèmes de sous-alimentation, de famine ou de sécurité alimentaire d'une façon générale, la réussite des politiques agricoles servira réellement la croissance économique et le développement comme le prévoit Donald Kaberuka, Président de la Banque Africaine de Développement :

> « … dans une grande partie de l'Afrique la croissance est tirée par les ressources naturelles, surtout les hydrocarbures et les produits miniers. Ce sont des secteurs où l'élasticité de l'emploi est très faible. Cela veut dire qu'ils ne créent pas beaucoup d'emplois. Mais ce sont aussi des secteurs qui constituent un danger potentiel, celui qu'on appelle la "maladie hollandaise" : l'agriculture qui se meurt, ainsi que d'autres secteurs qui s'abîment. Quand on considère un pays dont la croissance est tirée par le pétrole, et où l'agriculture commence à s'affaiblir, on constate des difficultés et des problèmes d'emploi, notamment. Quand on sait que le secteur agricole emploie la majorité de la main-d'œuvre dans beaucoup de pays, on comprendra l'ampleur des problèmes »[44].

Le secteur agricole recèle donc un réel potentiel économique dans lequel les Africains doivent investir, avec le souci premier d'en tirer des solutions aux problèmes de la faim et de la malnutrition, mais plus globalement, le défi d'y investir pour créer des emplois stables, gages d'une croissance économique réelle et partagée.

44 Donald Kaberuka, « La BAD est axée sur les défis d'une croissance partagée », *Interview* recueillie par Hichem Ben Yaiche, in *Africain Business*, juin-juillet 2012, p. 93-93.

La grande innovation pour le continent pour se nourrir et s'industrialiser, c'est de développer l'énergie solaire dont la nature a doté tout le continent : une énergie moins chère, qui alimenterait même les villages les plus reculés de nos pays.

Conclusion

La démocratie n'est pas une recette clef en main pour se développer, mais un système de remise au travail pour rendre notre appareil productif plus performant, pour nourrir le continent et affronter la compétition mondiale. Il ne sert à rien d'attendre un accord de l'Occident pour agir, mais plutôt de mettre en avant chacun son génie créateur pour inventer un développement endogène, telle devrait être la devise du continent, s'il prenait l'option de la démocratie. La protection du continent face aux envahisseurs étrangers, bailleurs de fonds, institutions internationales et autres prédateurs sera son unité. Si les Africains sont unis autour de leurs dirigeants politiques, ils vont renforcer leur courage et développer leur nationalisme afin de lutter contre l'envahisseur occidental et sa cupidité légendaire à vouloir faire main-basse sur toutes les richesses du continent et imposer ses orientations politiques.

La culture du nationalisme doit se faire dès l'école primaire, ce qui fera du continent un grand continent, à l'image des Etats-Unis qui l'ont cultivé tôt. Le résultat est là palpable dans tous les domaines.

L'Afrique démocratique doit être celle de la liberté et des droits de l'homme, des valeurs qui doivent booster le travail productif et diversifié. En effet, le continent doit diversifier ses produits d'exportation et garantir un commerce intracommunautaire plus grand et plus important que d'habitude. Les leaders africains doivent aller à l'école de la démocratie, pour apprendre la séparation des pouvoirs et l'alternance qui rend vivant le système démocratique. Tous les pays africains devraient avoir leur propre monnaie, pour favoriser l'échange entre eux ; puis, ils iront progressivement vers une monnaie unique africaine qui va consolider l'Union Africaine. L'Afrique doit penser, concevoir, et projeter elle-même son propre développement en tenant compte de son environnement et des aspirations de ses peuples, et non attendre chaque fois que l'Occident pense pour elle. Tous les projets de développement conçus et pensés de l'extérieur sont des échecs patents. La démocratie est une aspiration légitime au bien-être et à la justice, à condition de préparer les acteurs et de mobiliser les moyens de nos différents scrutins, ce qui évitera que l'Occident impose ses observateurs et son point de vue.

La construction de la démocratie en Afrique s'est révélée difficile, mais elle n'est pas impossible. Au moment où beaucoup de signes d'une amélioration des conditions économiques sont observés et décryptés en Afrique, il est important de promouvoir, sur le continent, une politique qui fasse profiter à tous, des fruits de la croissance annoncée. La quête de sources de financement autres que les seules institutions financières internationales pro-capitalistes est impérative. D'ailleurs l'illusion de l'aide internationale régentée par l'Occident est en passe de finir en Afrique, montrant qu'une certaine autonomie des sources de financement peut être une alternative sérieuse.

En effet, à en croire des évolutions récentes, les Africains de la diaspora, par leurs envois d'argent dans leur pays d'origine, font un effort considérable, et leur contribution au développement du continent est sur le point de dépasser celle de l'aide internationale. Christian d'Alayer, analyste économique, le fait constater dans les colonnes du magazine *African Business* n°22 :

> « Les Occidentaux ont cru, et croient toujours, que l'aide occidentale aux Africains est phénoménale, tout en allant directement dans les poches des dirigeants africains. Alors que cette aide est inférieure aux capitaux rapatriés par les Africains dans leur pays d'origine et qu'elle se présente en outre et essentiellement sous forme de prêts et non de dons »[45].

Si cet apport des Africains de la diaspora à l'économie du continent est bien encadré, les retombées ne tarderont pas à devenir visibles. En tant que source de financement à l'abri du contrôle des Institutions financières internationales, les fonds des Africains de toutes les diasporas pourraient être mobilisés et orientés vers des investissements stratégiques.

45 Christian d'Alayer, « Vous n'allez plus reconnaître votre Afrique ! » in *African Business* n°22, p. 100.

Le vrai problème de l'Afrique, à ce jour, est qu'elle sert de marché de consommation plus qu'elle ne joue de sa propre offensive pour être active et conquérir les marchés. L'histoire renseigne pourtant que cela n'a pas toujours été le cas. On n'a qu'à se remémorer les grands flux commerciaux qui ont traversé le continent de part en part, même avant le triste commerce triangulaire. Comment oublier que le continent était au centre d'un fructueux mouvement d'échanges de sel, d'or et d'autres produits que les commerçants orientaux affectionnaient.

On est en droit de déplorer et de dénoncer la tendance au pillage que l'esclavage et la colonisation ont instituée, rendant les peuples africains passifs, quémandeurs et manipulables à merci. L'Afrique de demain devra se battre en s'appuyant sur ce passé pour rebondir et reconquérir sa place dans le monde. Les minerais dont regorge le continent doivent d'abord être exploités au profit de ses filles et de ses fils.

Le jeu flou des multinationales et autres connivences des potentats locaux continueront de piller ses richesses, si les Africains ne se constituent pas en une force sur le marché des produits du sous-sol du continent. Cette force se trouve, à n'en plus douter, dans l'intégration des économies des pays africains. L'intégration politique, à terme, concrétisera la force de l'Afrique face au monde.

Sur tous les plans, les Africains ont le devoir impératif de concevoir et d'appliquer des méthodes et des démarches de leur cru, inspirées des sciences et savoirs du monde certes, mais plus particulièrement adaptées aux besoins du continent. L'éducation et l'enseignement devront privilégier les savoirs endogènes, pour aider l'Africain à échapper au formatage exclusif de l'Occident. Il revient aux élites africaines conscientes de cette situation d'inspirer les programmes d'études conséquents à cet effet. Ce qui suppose la refonte et l'adaptation des mentalités à nos réalités.

La construction d'une Afrique moderne n'épargnera aucun sacrifice de quelque domaine que ce soit. Dans le domaine économique, les efforts s'orienteront dans le sens de l'augmentation de l'exportation de produits finis, contrairement à ce qui se fait actuellement avec l'exportation de matières premières brutes, dont les industries étrangères profitent largement de la valeur ajoutée.

La question de l'adaptation technologique de l'Afrique est aussi une réalité. La haute technologie coûte cher, mais l'Afrique ne peut s'en détourner, si elle veut bâtir une économie compétitive. C'est en cela que l'Afrique doit se fixer des objectifs précis, afin de privilégier les aspects de la haute technologie qui lui sont utiles et indispensables pour construire une industrie performante, gage d'une économie prospère. Il ne s'agit pas de courir après des gadgets dont l'utilité et l'usage resteront impossibles ou éphémères. C'est à cette étape de la réflexion que la question de la formation se pose et s'impose. Il est urgent de recenser les domaines où l'Afrique manque d'experts et de professionnels performants : la technologie nucléaire, la technologie médicale et les métiers de l'exploitation minière, l'énergie solaire, la biologie, l'électronique, le génie électrique, l'informatique, le génie rural, les télécommunications… Dans ces domaines, l'effort de l'Afrique consistera à faire maîtriser à ses citoyens, le plus tôt possible, les hautes technologies, afin de les appliquer aux besoins des populations, aux cultures et aux modes de vie des populations. La place de la formation et de l'éducation apparaissent, de ce fait, prépondérante dans la stratégie que l'Afrique élaborera pour affronter un monde impitoyable pour elle. La maîtrise de l'énergie aussi est indispensable pour tout développement. Les priorités seront d'abord le développement de l'énergie solaire, vu que la nature nous a doté à profusion de ce soleil qui manque aux nations industrialisées. L'énergie nucléaire sera d'un grand atout également pour tous les pays de l'Afrique de l'Ouest, compte tenu des réserves dont regorge un pays comme le Niger.

L'autre levier que l'Afrique devra se battre pour activer est sa politique extérieure, afin de porter sa voix autonome et libre dans le concert des nations. L'Afrique intégrée et unie constituera une force qu'on ne peut négliger dans le monde en mutation.

Bibliographie

- AMIN, Samir, *Le Développement inégal*, Paris, Editions de Minuit, 1973.
  La Faillite du Développement en Afrique et dans le Tiers-monde, Paris, L'Harmattan, 1989.
- BERGERON, Richard, *L'Anti-Développement*, Paris, L'Harmattan, 1992.
- CONSTANTY, Hélène, NOUZILLE, Vincent, *Députés sous influences*, Paris, Fayard, 2006.
- DAVIS, Mike, *Le pire des mondes possibles*, Paris, La Découverte, 2006.
- DE RIVERO, Oswaldo, *Le mythe de développement*, Paris, Enjeux Planète, 2003.
- DIAKITE, Tidiane, *L'Afrique malade d'elle-même*, Paris Karthala 1998.
- DUSSEY, Robert, *L'Afrique malade de ses hommes politiques*, Paris, Jean Picollec Edition, 2008.
- EASTERLY, William, *Les pays pauvres sont-ils condamnés à le rester ?* Paris, Edition d'organisation, 2006.
- ELA, Jean-Marc, *Afrique : l'irruption des pauvres, société contre inférence, pouvoir et argent*, Paris, L'Harmattan, 1994.

- FOIRRY, Jean-Pierre, *L'Afrique continent d'avenir*, Paris, Ellipses, 2006.
- FOURASTIE, Jean (Textes choisis et présentés par Jean-Michel HAROUEL), *Productivité et richesse des nations*, Paris, Gallimard, 2005.
- HUGON, Philippe, *L'Economie de l'Afrique*, Paris, La Découverte, 1993.
- KOSSIVI.K. James Flanel, *L'effondrement des zones CFA et l'avènement de la monnaie africaine*, Haho, Lomé, 1999.
- LIPIETZ, Alain, *Mirages et miracles. Problèmes de l'industrialisation dans le Tiers-Monde*, Paris, La Découverte, 1985.
- MAHMOUD, Jebril Ould, *Les stratégies de lutte contre la pauvreté en Afrique subsaharienne : de l'échec des politiques néolibérales aux alternatives potentielles*, Paris, L'Harmattan, 2010.
- OLIVIER, Guillaume, *L'Aide publique au développement. Un outil à réinventer*, Paris, Editions Charles Léopold Mayer, 2004.
- ROBERT, Anne-Cécile, *L'Afrique au secours de l'Occident*, Paris, Les Editions de l'Atelier / Les Editions ouvrières, 2006.
- ROBERT, Anne-Cécile, SERVANT, Jean-Christophe, *Afrique années zéro : du bruit à la parole*, Paris, Atalante, 2008.

- SCHULDERS, Guy, *Développement : stratégie de l'urgence*, Paris, L'Harmattan, 1991.
- SEN, Amartya, *L'Economie est une science morale*, Paris, La Découverte, 1999.
- SOGGE, David, *Les mirages de l'aide internationale*, Paris, Enjeux Planète, 2003.
- TRAORE, D. Aminata, *L'étau*, Paris, Actes Sud, 1999.
- TREILLET, Stéphanie, *L'Economie du développement. De Bandoeng à la mondialisation*, Paris, Armand Colin, 2007.
- UNICEF, *Le développement à visage humain. La voie qui mène au développement et à la croissance économique* (ouvrage coordonné par Santosh MEHROTRA), Paris, Economica, 2001.
- ZIEGLER, Jean, *Les nouveaux maîtres du monde*, Paris, Fayard, 2002.

Table des matières

L'Afrique

aux éditions L'Harmattan

Dernières parutions

AFRIQUE (L') DES GRANDS LACS – Annuaire 2013-2014
Sous la direction de Reyntjens Filip, Verpoorten M., Vandeginste S.
Par l'analyse de thèmes d'actualité dans les domaines politique, social et économique, cet ouvrage offre des clés pour une lecture de l'évolution de la région des Grands Lacs en 2013 et au premier trimestre de 2014. Une attention particulière est prêtée aux politiques agricoles et foncières, enjeux cruciaux dans les économies rurales de la région.
(Coll. Afrique des Grands Lacs, 51.50 euros, 572 p.)
ISBN : 978-2-343-04613-6, ISBN EBOOK : 978-2-336-35938-0

ABATTRE LA FRANÇAFRIQUE OU PÉRIR
Le dilemme de l'Afrique francophone
Djéréké Jean-Claude - Préface de Marcel Amondji
Avant de s'attaquer à la solution d'un problème, encore faut-il bien en connaître toutes les données. Il faut enfin oser appeler un chat un chat, et la politique actuelle de la France vis-à-vis de l'Afrique francophone, une entreprise de recolonisation larvée. C'est ce que fait Jean-Claude Djéréké tout au long de son essai.
(Coll. Afrique liberté, 16.50 euros, 166 p.)
ISBN : 978-2-343-04342-5, ISBN EBOOK : 978-2-336-35748-5

DIPLOMATIE (LA) AFRICAINE
Théorie et Pratique
Dagbo Godé Pierre
Au cœur de l'actualité, la diplomatie intéresse autant le savant que le profane qui veut comprendre le comportement des acteurs politiques dans les relations internationales. Cet ouvrage se propose de revisiter les fondamentaux de la diplomatie africaine et restitue au plan scientifique l'état des connaissances théoriques et des approches pratiques qui peuvent en faciliter la compréhension dans un monde du XXIe siècle en plein bouleversement.
(Coll. Afrique liberté, 23.00 euros, 222 p.)
ISBN : 978-2-343-03865-0, ISBN EBOOK : 978-2-336-35871-0

ÉTHIQUE (L') MÉDICALE EN AFRIQUE
Conflits d'intérêts et conflits de valeurs dans les pratiques des médecins
Nkulu Kabamba Olivier
La crise profonde que connaissent les soins de santé en Afrique subsaharienne est rarement analysée du point de vue éthique, moral et déontologique. L'auteur

a choisi de mettre en évidence les conflits d'intérêts et des valeurs présents dans les pratiques des médecins, il montre comment ces conflits sont parmi les causes majeures des dysfonctionnements des soins de santé en Afrique subsaharienne.
(16.50 euros, 162 p.)
ISBN : 978-2-343-04156-8, ISBN EBOOK : 978-2-336-35720-1

FAMILLE ET PARENTALITÉ EN AFRIQUE À L'HEURE DES MUTATIONS SOCIÉTALES
Yao Koffi Martin
Dans la plupart des cultures africaines, la famille constitue le socle sur lequel se fondent tout le vécu et toute l'existence de l'homme africain. Mais la famille et la parentalité en Afrique vivent aujourd'hui un glissement vers un autre type de famille qu'on pourrait appeler «famille nucléaire stricte». L'auteur analyse et approfondit les véritables raisons qui causent ces bouleversements socio-culturels et politico-économiques.
(Coll. Études africaines, 29.00 euros, 276 p.)
ISBN : 978-2-343-01475-3, ISBN EBOOK : 978-2-336-35827-7

PRISE (LA) EN CHARGE DE FAMILLES AFRICAINES EN FRANCE ET EN AFRIQUE – Regards croisés
Sous la direction de Tison Brigitte
Pour pallier les urgences de guerre et la prévention des épidémies, du personnel occidental, médical ou psychothérapeute, est dépêché en Afrique pour venir en aide au personnel soignant local. En France, il s'effectue également tout un travail de prises en charge et d'accompagnement des familles africaines immigrées, notamment dans les centres médico-psychologiques. Voici rassemblées des réflexions pluridisciplinaires sur l'univers religieux, l'univers des soins en Afrique, sur l'accompagnement des familles, ici en France, et leur prise en charge.
(Coll. Compétences interculturelles, 27.00 euros, 272 p.)
ISBN : 978-2-343-03800-1, ISBN EBOOK : 978-2-336-35784-3

LONG (LE) PÉRIPLE DE LA MAÂT
Sedek So Melki
L'auteur dresse un panorama du péril religieux qui guette l'Afrique et mine tout projet de renaissance et d'unité du Continent. En remontant très loin dans l'histoire et en se fondant sur des faits sociologiques et anthropologiques, il montre comment l'Afrique a sorti l'humanité des ténèbres en posant les fondements du monothéisme. La Maât, code moral établi dans l'ancien empire égyptien, est cette lumière partie de l'Afrique pour illuminer le reste du monde.
(12.00 euros, 144 p.)
ISBN : 978-2-296-99886-5, ISBN EBOOK : 978-2-336-35923-6

PROTECTION DE L'ENVIRONNEMENT MARIN ET CÔTIER DANS LA RÉGION DU GOLFE DE GUINÉE
Zognou Théophile - Préface de Alain Didier Olinga
En mai 2010, dans le golfe de Guinée, une énième rupture d'oléoduc provoquait une marée noire. Légiférer ne suffisant pas à garantir l'efficacité d'un droit, qui doit payer pour remettre en l'état l'environnement dans la région ? Cet ouvrage préconise

notamment d'adapter les textes aux réalités locales, d'identifier les pollueurs, de définir les conditions de réparation et de s'assurer de la viabilité économique du régime proposé pour contribuer à une plus grande responsabilisation de chacun.
(Coll. Études africaines, 46.00 euros, 466 p.)
ISBN : 978-2-343-04433-0, ISBN EBOOK : 978-2-336-35773-7

OBJETS (LES) AFRICAINS, ICI ET LÀ-BAS
Lambert Aurélien
A la fois oeuvres d'art et souvenirs pour touristes, éléments de culte et biens patrimoniaux, les objets africains se caractérisent par la diversité des usages et des formes d'appropriation auxquels ils donnent lieu. Basé sur une enquête de type socio-anthropologique effectuée en France et au Mali, donnant la parole à une grande diversité d'acteurs, ce travail a pour objectif d'identifier et de comprendre les enjeux culturels, économiques ou politiques que soulèvent ces productions.
(Coll. Logiques sociales, 26.00 euros, 254 p.)
ISBN : 978-2-343-04391-3, ISBN EBOOK : 978-2-336-35802-4

RESPONSABLE OU COUPABLE
L'Afrique doit choisir
Kouassi Appiah
La liberté et la démocratie ne sont-elles pas les ingrédients de base d'un progrès et d'un développement ? Pourquoi l'Afrique ne veut-elle pas en user pour avancer ? Personne ne viendra développer l'Afrique à sa place et tout ce qui est fait par l'extérieur dans ce sens n'est qu'un piège dans lequel elle est tombée. Même s'il faut y perdre une vie, il faut à l'Afrique se libérer de son complexe d'incapacité et apporter sa contribution au monde.
(Harmattan Côte d'Ivoire, 12.50 euros, 104 p.)
ISBN : 978-2-336-30574-5, ISBN EBOOK : 978-2-336-35579-5

AFRIQUE (L') DANS LE MONDE CONTEMPORAIN
Entre émancipation, néocolonialisme et recolonisation
Sous la direction de Tsala Tsala Christian C.
Préface de Khalid Chegraoui ; Postface de Jèrôme Mebara Nomo et M'hammed Echkoundi
Au lieu de saisir l'opportunité historique qui se présente à elle, l'Afrique montre une image de «républiquettes» en attente de recolonisation, une image de dépouillement. Les Asiatiques et les Latino-Américains viennent y parachever la spoliation initiée par les Occidentaux. Ce livre dénonce une coopération aux allures d'un marché de dupes, où le subordonné n'est autre que l'Afrique.
(Harmattan Cameroun, 30.00 euros, 292 p.)
ISBN : 978-2-343-03611-3, ISBN EBOOK : 978-2-336-35375-3

TYRANNIE (LA) DU DÉVELOPPEMENT
Déconstruction d'un mythe...
Sall Macky Idy
Les pesanteurs du continent africain et les tares de ses dirigeants sont toutes passées en revue et dénoncées dans cet ouvrage. Parmi elles, leur refus de s'émanciper et de se libérer de l'asservissement du Nord. Or derrière la question du développement se

cache tout un système de prédation et l'Afrique a plus que jamais besoin d'opérer des ruptures tant au niveau de ses relations avec les autres parties de la planète qu'en son sein, en s'appuyant d'abord sur ses valeurs culturelles et endogènes.
(13.50 euros, 124 p.)
ISBN : 978-2-343-03270-2, ISBN EBOOK : 978-2-336-35354-8

VAINCRE LA CORRUPTION EN AFRIQUE
La solution patrimoniale
Salouo Armand
Comment rendre la lutte contre la corruption plus efficace dans les pays africains ? En prenant le cas du Cameroun pour illustration, l'auteur constate l'impasse des stratégies de lutte contre la corruption, traditionnellement basées sur la traque préventive ou répressive, à l'instar de la célèbre «Opération Épervier». Sa Solution patrimoniale vise à mettre un terme à cette patrimonialisation illégitime des ressources publiques.
(Coll. Points de vue, 20.00 euros, 200 p.)
ISBN : 978-2-343-04085-1, ISBN EBOOK : 978-2-336-35414-9

MIGRANTS (LES) ET L'INVESTISSEMENT EN AFRIQUE
Sous la direction de Sumata Claude
L'image négative de l'immigration est battue en brèche car les migrants constituent désormais des agents de codéveloppement. Ils peuvent accumuler des ressources dont l'apport pour leur pays d'origine est considérable. Cet ouvrage analyse le phénomène de la migration sous l'angle de l'entrepreneuriat et de l'investissement pour permettre de voir comment cela peut stimuler les activités économiques et réduire la pauvreté.
(Coll. Sociétés africaines et diaspora, 20.00 euros, 208 p.)
ISBN : 978-2-343-02921-4, ISBN EBOOK : 978-2-336-35477-4

DROIT DES ORGANISATIONS D'INTÉGRATION ÉCONOMIQUE EN AFRIQUE (CEDEAO - CEMAC - UEMOA - ZMAO)
Zogbelemou Togba
Face à l'échec des regroupements politiques d'Etat des années 60 et l'essoufflement de l'État providence dans les années 70, certains États se sont orientés vers la coopération économique avec la création de la CEDEAO, puis l'UEMOA et la CEMAC. Pour atteindre leurs objectifs d'intégration, impliquant certains abandons de souveraineté, ces communautés ont mis en place des organes de gestion, des institutions de contrôle et des institutions à vocation monétaire et financière.
(Coll. Études africaines, 37.50 euros, 372 p.)
ISBN : 978-2-343-03028-9, ISBN EBOOK : 978-2-336-35382-1

L'HARMATTAN ITALIA
Via Degli Artisti 15; 10124 Torino

L'HARMATTAN HONGRIE
Könyvesbolt ; Kossuth L. u. 14-16
1053 Budapest

L'HARMATTAN KINSHASA
185, avenue Nyangwe
Commune de Lingwala
Kinshasa, R.D. Congo
(00243) 998697603 ou (00243) 999229662

L'HARMATTAN CONGO
67, av. E. P. Lumumba
Bât. – Congo Pharmacie (Bib. Nat.)
BP2874 Brazzaville
harmattan.congo@yahoo.fr

L'HARMATTAN GUINÉE
Almamya Rue KA 028, en face
du restaurant Le Cèdre
OKB agency BP 3470 Conakry
(00224) 657 20 85 08 / 664 28 91 96
harmattanguinee@yahoo.fr

L'HARMATTAN MALI
Rue 73, Porte 536, Niamakoro,
Cité Unicef, Bamako
Tél. 00 (223) 20205724 / +(223) 76378082
poudiougopaul@yahoo.fr
pp.harmattan@gmail.com

L'HARMATTAN CAMEROUN
BP 11486
Face à la SNI, immeuble Don Bosco
Yaoundé
(00237) 99 76 61 66
harmattancam@yahoo.fr

L'HARMATTAN CÔTE D'IVOIRE
Résidence Karl / cité des arts
Abidjan Cocody 03 BP 1588 Abidjan 03
(00225) 05 77 87 31
etien_nda@yahoo.fr

L'HARMATTAN BURKINA
Penou Achille Some
Ouagadougou
(+226) 70 26 88 27

L'HARMATTAN SÉNÉGAL
10 VDN en face Mermoz, après le pont de Fann
BP 45034 Dakar Fann
33 825 98 58 / 33 860 9858
senharmattan@gmail.com / senlibraire@gmail.com
www.harmattansenegal.com

L'HARMATTAN BÉNIN
ISOR-BENIN
01 BP 359 COTONOU-RP
Quartier Gbèdjromèdé,
Rue Agbélenco, Lot 1247 I
Tél : 00 229 21 32 53 79
christian_dablaka123@yahoo.fr

Achevé d'imprimer par Corlet Numérique - 14110 Condé-sur-Noireau
N° d'Imprimeur : 116090 - Dépôt légal : février 2015 - *Imprimé en France*

www.ingramcontent.com/pod-product-compliance
Lightning Source LLC
LaVergne TN
LVHW010940061026
849535LV00007B/2489